公共法律服务体系建设实践丛书

百姓的贴身法律顾问

物业服务篇

主编　谢定彪　王博

《公共法律服务体系建设实践丛书》编写人员
主　　编：谢定彪　王　博
副 主 编：雷　珊　余振林　庞中秋　熊学武
参编人员：雷学武　宋胜峰　阮红艳　郑继军
吕少波　陈国强　李　琴　张雪燕
雷新华　叶　鹏　陈　涛　陈育红
耿　领　白豪斌　黄　锐　杨胜男
卢　文　闵力胜　欧阳婵娟

WUHAN UNIVERSITY PRESS
武汉大学出版社

图书在版编目(CIP)数据

百姓的贴身法律顾问. 物业服务篇/谢定彪，王博主编.—武汉：武汉大学出版社，2018.9(2019.7 重印)
公共法律服务体系建设实践丛书
ISBN 978-7-307-20472-0

Ⅰ.百…　Ⅱ.①谢…　②王…　Ⅲ.物业管理—法律—中国—问题解答　Ⅳ.D920.5

中国版本图书馆 CIP 数据核字(2018)第 193751 号

责任编辑：张　欣　　责任校对：李孟潇　　版式设计：汪冰滢

出版发行：**武汉大学出版社**　(430072　武昌　珞珈山)
(电子邮箱：cbs22@ whu.edu.cn　网址：www.wdp. com.cn)
印刷：武汉图物印刷有限公司
开本：880×1230　1/32　印张：6.5　字数：150 千字　插页：1
版次：2018 年 9 月第 1 版　2019 年 7 月第 2 次印刷
ISBN 978-7-307-20472-0　定价：19.88 元

序　言

习近平总书记强调，“全面推进依法治国，必须坚持全民守法”。人民是法治建设的主体，是法治国家的主人。只有人人参与的法治，才具有坚实的社会基础。推进全民守法，首先要增强全社会法治观念，推动形成自觉守法、办事依法、遇事找法、解决问题用法、化解矛盾靠法的良好社会氛围。

近年来，江汉区在市委、市政府的领导下，围绕全面推进法治国家、法治政府和法治社会一体建设，将公共法律服务作为总抓手，聚力提供优质高效的法律服务和法治保障，在推进高质量发展、更好满足人民群众对美好生活向往等方面作出了有益探索，取得了突出成效。2012 年，在全市率先为辖区所有社区一对一配备社区律师，至今惠及群众数十万人次；2013 年起开设普法讲堂，已举办 300 余场、受众逾十万人次；2014 年在辖区 56 所中小学普遍设立“校园法务室”，深化青少年普法阳光行动；2015 年，江汉区公共法律服务中心挂牌成立，整合法律服务资源，推动公益法律服务进社区、进企业、覆盖弱势群体，运用法治方式年均化解矛盾纠纷 4000 余件；2017 年以来，结合“红色引擎工程”，普遍建立社区律师微信群，在全区大力推进刑事辩护法律援助全覆盖和名优律师进社区等，特别是今年着力推进实现公共法律服务专员进所有社区“网格”，真正为人民群众提供触手可及、贴身不走、时刻在线的高品质法律服务。在持续推进公共法律服务的进程中，江汉区司法局积累了丰富实践经验、发掘了一批先进典型、形成了长效工作机制，这些既是司法行政法惠民生的鲜活素材，也是推动法治建设特别是深化普法工作的宝贵财富。

全民守法是维护法律尊严和权威，确保法律全面有效实施的关键所在，而学法知法懂法是全民守法的重要前提。为充分发挥这些典型案例在加大全民普法力度、加快创建一流法治城市中的重要作用，江汉区司法局精心组织优秀律师和学者编写了《公共法律服务体系建设实践丛书》，以更加贴近群众生活的语言和方式，当好读者的随身“顾问”和贴心“卫士”，帮助人民群众学法懂法守法用法，从而真正实现法润民心、法惠民生。

武汉市司法局党组书记、局长关太兵

目　录

1. 如何理解“物业”的概念?

【解答】

“物业”一词来自我国香港特区，与之对应的英文是 property 或 estate(土地及其附属固定物、房地产、不动产)。《香港房地产法》中将“物业”解释为：“所谓物业是单元性地产，住宅单位是一物业，工厂楼宇是一物业，农庄也是一物业。故物业可大可小，大物业可分割为小物业。”伴随着经济体制改革，尤其是住房制度的改革，自 20 世纪 80 年代以来，“物业”一词从香港传入内地，在日常生活中广泛使用。

1994 年我国内地首次对“物业”作出定义为物业是指住宅区内各类房屋及相配套的公用设施、设备及公共场地。2002 年，建设部《房地产统计指标解释(试行)》将其解释为：物业是指房屋及与之相配套的设备、设施和相关场地。

2003 年 9 月 1 日起施行的《物业管理条例》第 2 条对“物业管理”加以界定：本条例所称物业管理，是指业主通过选聘物业服务企业，由业主和物业服务企业按照物业服务合同约定，对房屋及配套的设施设备和相关场地进行维修、养护、管理，维护物业管理区域内的环境卫生和相关秩序的活动。由此可见条例中“物业”是指已建成并投入使用的各类“房屋及配套的设施设备和相关场地”。

生活中，根据使用功能的不同，物业主要分为居住、商业、工业、其他用途物业等类别。居住物业是指具备居住功能，供人们生活居有的建筑，包括普通住宅、高档公寓别墅等，也包括与之相配套的共用设施、设备和公共场地；商业物业是指那些通过经营获取持续增长回报或者可以持续升值的物业，包括写字楼、商场超市批发市场宾馆、酒楼、影剧院等；工业物业是指为人类的生产活动提供使用空间的房屋，工业厂房、仓库、货场等。而有更多物业类型，其中包括行政机关物业、新闻出版和邮政通信物业、医疗卫生物业、博物馆、展览馆、庙宇等。

【法律依据】

《物业管理条例》第二条　本条例所称物业管理，是指业主通过选聘物业服务企业，由业主和物业服务企业按照物业服务合同约定，对房屋及配套的设施设备和相关场地进行维修、养护、管理，维护物业管理区域内的环境卫生和相关秩序的活动。

2. 物业由哪些部分构成？

【解答】

物业由土地和附属建筑物构成，是建筑物与建筑地块的统一。根据国务院《物业管理条例》相应规定，一个完整的物业由以下三个部分构成。(1)已建成并投入使用的各类建筑物。物业一般是指已建成并投入使用的各类建筑物，既包括供居住的建筑物，如住宅楼，也包括非居住的建筑物，如厂房、商场、写字楼等；包括建筑物的基础、承重结构、外墙、屋顶等基本结构部分，通道、楼梯、大堂等公共通行部分及避难层、设备层或者设备间等结构部分。(2)与建筑物相配套的设施和设备。物业包括与建筑物相配套的设施和设备。设施是指与建筑物相配套的管线设施以及室外公建设施，如市政供水、供电、供气、供暖、有线电视及通信网络设施等专营单位提供的设施，消防设施、公共照明设施、安保设施、排水排污等共用设施，以及配套建设的公共厕所、垃圾收集转场站等公共建筑。设备是指与建筑物相配套的机械、电气设备，如电梯、空调机组、发电机等。(3)与建筑物相关的场地。物业还包括与建筑物相关的场地、建筑区划内并与建筑物相关的建筑块、庭院、停车场、道路、绿化带等。

【法律依据】

《物业管理条例》第九条　物业管理区域内全体业主组成业主大会。物业管理区域的划分应当考虑物业的共用设施设备、建筑物规模、社区建设等因素。具体办法由省、自治区、直辖市制定。

3. 业主身份是如何界定的?

【解答】

房屋建筑物的所有权人(共有权人)通常为业主。业主是建筑物所有权的权利主体，同时也是从事物业管理活动的基本主体，业主身份的界定标准，关系到业主自治的秩序和物业管理的和谐稳定，因此十分重要。《物权法》建筑物区分所有权部分多处使用业主的概念，业主是整个《物权法》的基础性概念之一。《物业管理条例》第六条第一款规定："房屋的所有权人为业主。"《最高人民法院关于审理建筑物区分所有权纠纷案件具体应用法律若干问题的解释》(以下简称《最高法建筑物区分所有权纠纷司法解释》)第一条第一款规定："依法登记取得或者根据物权法第二章第三节规定取得建筑物专有部分所有权的人，应当认定为物权法所称的业主。"第二款规定："基于与建设单位之间的商品房买卖民事法律行为，已经合法占有建筑物专有部分，但尚未依法办理所有权登记的人，可以认定为物权法第六章所称的业主。”

《最高法建筑物区分所有权纠纷司法解释》第一条第一款是界定业主身份的一般规则，根据《物权法》以及《物业管理条例》的规定，依法登记取得或者依据生效法律文书、继承或受遗赠，以及合法建造房屋等事实行为取得专有部分所有权的人，均属“依法取得”专有部分所有权，应当认为具备业主身份。由于现实生活中，签订商品房买卖合同后合法占有使用专有部分但尚未办理物权登记的情形大量存在，此种情形下如果仅以是否登记取得所有权作为界定业主身份的标准，会对上述商品房购买群体应当享有的权利造成损害。因此，《最高法建筑物区分所有权纠纷司法解释》第一条第二款对于业主身份问题进行了特别规定，对基于与建设单位之间的商品房买卖民事法律行为，已经合法占有建筑物专有部分，但尚未依法办理所有权登记的人，“可以认定”为业主。

【法律依据】

《物权法》第七十条　业主对建筑物内的住宅、经营性用房等专有部分享有所有权，对专有部分以外的共有部分享有共有和共同管理的权利。

《物业管理条例》第六条　房屋的所有权人为业主。

《最高法建筑物区分所有权纠纷司法解释》第一条　依法登记取得或者根据物权法第二章第三节规定取得建筑物专有部分所有权的人，应当认定为物权法第六章所称的业主。

4. 业主在物业管理服务中有哪些权利与义务？

【解答】

《物业管理条例》第六条第二款规定："业主在物业管理活动中，享有下列权利：(一)按照物业服务合同的约定，接受物业服务企业提供的服务；(二)提议召开业主大会会议，并就物业管理的有关事项提出建议；(三)提出制定和修改管理规约、业主大会议事规则的建议；(四)参加业主大会会议，行使投票权；(五)选举业主委员会成员，并享有被选举权；(六)监督业主委员会的工作；(七)监督物业服务企业履行物业服务合同；(八)对物业共用部位、共用设施设备和相关场地使用情况享有知情权和监督权；(九)监督物业共用部位、共用设施设备专项维修资金(以下简称专项维修资金)的管理和使用；(十)法律、法规规定的其他权利。"

《物业管理条例》第七条规定："业主在物业管理活动中，需履行下列义务：(一)遵守管理规约、业主大会议事规则；(二)遵守物业管理区域内物业共用部位和共用设施设备的使用、公共秩序和环境卫生的维护等方面的规章制度；(三)执行业主大会的决定和业主大会授权业主委员会作出的决定；(四)按照国家有关规定交纳专项维修资金；(五)按时交纳物业服务费用；(六)法律、法规规定的其他义务。"

【法律依据】

《物业管理条例》第七、八条(略)

5. 如何选举产生业主委员会?

【解答】

根据《物业管理条例》以及《业主大会和业主委员会指导规则》的规定，首次业主大会会议筹备组应当制定业主委员会委员候选人产生办法，确定业主委员会委员候选人名单，并制定业主委员会选举办法，于首次业主大会会议召开前十五日以书面形式在物业管理区域内公告。业主委员会委员候选人由业主推荐或者自荐。筹备组应当核查参选人的资格，根据物业规模、物权份额、委员的代表性和广泛性等因素，确定业主委员会委员候选人名单。首届业主委员会由首次业主大会会议选举产生。根据《物权法》第七十六条的规定，选举业主委员会应当经专有部分占建筑物总面积过半数的业主且占总人数过半数的业主同意。业主委员会由五人至十一人单数组成，业主委员会实行任期制，每届任期不超过五年，可连选连任。业主委员会主任、副主任在业主委员会成员中推选产生。

业主委员会实行备案制度，业主委员会应当自选举产生之日起三十日内，向物业所在地的区、县人民政府房地产行政主管部门和街道办事处、乡镇人民政府备案。

对于业主委员会的换届选举，《业主大会和业主委员会指导规则》第四十七条规定，业主委员会任期届满前三个月，应当组织召开业主大会会议。

【法律依据】

《物权法》第七十八条　下列事项由业主共同决定：

(1)制定和修改业主大会议事规则;

(2)制定和修改建筑物及其附属设施的管理规约;

(3)选举业主委员会或者更换业主委员会成员;

(4)选聘和解聘物业服务企业或者其他管理人;

(5)筹集和使用建筑物及其附属设施的维修资金;

(6)改建、重建建筑物及其附属设施;

(7)有关共有和共同管理权利的其他重大事项。

决定前款第五项和第六项规定的事项,应当经专有部分占建筑物总面积三分之二以上的业主且占总人数三分之二以上的业主同意。决定前款其他事项,应当经专有部分占建筑物总面积过半数的业主且占总人数过半数的业主同意。

《物业管理条例》第十二条 业主大会会议可以采用集体讨论的形式,也可以采用书面征求意见的形式;但是,应当有物业管理区域内专有部分占建筑物总面积过半数的业主且占总人数过半数的业主参加。

业主可以委托代理人参加业主大会会议。

业主大会决定本条例第十一条第(五)项和第(六)项规定的事项,应当经专有部分占建筑物总面积三分之二以上的业主且占总人数三分之二以上的业主同意;决定本条例第十一条规定的其他事项,应当经专有部分占建筑物总面积过半数的业主且占总人数过半数的业主同意。

业主大会或者业主委员会的决定,对业主具有约束力。

业主大会或者业主委员会作出的决定侵害业主合法权益的,受侵害的业主可以请求人民法院予以撤销。

《业主大会和业主委员会指导规则》第四十七条 业主委员会任期届满前三个月,应当组织召开业主大会会议,进行换届选举，并报告物业所在地的区、县房地产行政主管部门和街道办事处、乡镇人民政府。

6. 业主大会有哪些职责？

【解答】

业主大会是物业管理区域内业主自治的最高决策机构，对物业管理活动中的重大事项具有最高决策权，其决议反映全体业主的意志，代表全体业主对所在小区的物业管理实施监督，维护全体业主的合法权益，业主大会的决定对全体业主具有约束力。

《物权法》第七十六条第一款规定："下列事项由业主共同决定：(一)制定和修改业主大会议事规则；(二)制定和修改建筑物及其附属设施的管理规约；(三)选举业主委员会或者更换业主委员会成员；(四)选聘和解聘物业服务企业或者其他管理人；(五)筹集和使用建筑物及其附属设施的维修资金；(六)改建重建建筑物及其附属设施；(七)有关共有和共同管理权利的其他重大事项。"

《最高法建筑物区分所有权纠纷司法解释》第七条对《物权法》第七十六条第一款第七项规定的有关共有和共同管理权利的"其他重大事项"进行了解释，规定改变共有部分的用途、利用共有部分从事经营性活动、处分共有部分，以及业主大会依法决定或者管理规约依法确定应由业主共同决定的事项，应当认定为物权法第七十六条第一款第(七)项规定的有关共有和共同管理权利的"其他重大事项"。再如《物业管理条例》第五十五条规定的情形，该条规定："物业存在安全隐患，危及公共利益及他人合法权益时，责任人应当及时维修养护，有关业主应当给予配合。责任人不履行维修养护义务的，经业主大会同意，可以由物业服务企业维修养护，费用由责任人承担。”

由于业主大会的职责范围在本质上仍取决于业主自治，所以《最高法建筑物区分所有权纠纷司法解释》中明确规定业主大会依法决定或者管理规约依法确定应由业主共同决定的事项，属于“其他重大事项”。但需注意的是，无论业主大会决定或管理规约确定均必须是依法作出的。业主大会决定的作出以及管理规约的制定必须符合法律规定，除满足《物权法》第七十六条第二款规定的程序性要件，还要满足《物权法》第七十六条第一款、《物业管理条例》第十七条、第十九条等规定的实体性要件。《物业管理条例》第十七条、第十九条规定，管理规约应当尊重社会公德，不得违反法律、法规或者损害社会公共利益；业主大会、业主委员会应当依法履行职责，不得作出与物业管理无关的决定，不得从事与物业管理无关的活动。

【法律依据】

《物权法》第七十六条(略)

《物业管理条例》第十七条　管理规约应当对有关物业的使用、维护、管理，业主的共同利益，业主应当履行的义务，违反管理规约应当承担的责任等事项依法作出约定。

管理规约应当尊重社会公德，不得违反法律、法规或者损害社会公共利益。

管理规约对全体业主具有约束力。

《物业管理条例》第十九条　业主大会、业主委员会应当依法履行职责，不得作出与物业管理无关的决定，不得从事与物业管理无关的活动。

业主大会、业主委员会作出的决定违反法律、法规的，物业所在地的区、县人民政府房地产行政主管部门或者街道办事处、乡镇人民政府，应当责令限期改正或者撤销其决定，并通告全体业主。

《最高法建筑物区分所有权纠纷司法解释》第七条(略)

7. 业主委员会有哪些职责？

【解答】

《物业管理条例》第十五条规定："业主委员会执行业主大会的决定事项，履行下列职责：(一)召集业主大会会议，报告物业管理的实施情况；(二)代表业主与业主大会选聘的物业服务企业签订物业服务合同；(三)及时了解业主、物业使用人的意见和建议，监督和协助物业服务企业履行物业服务合同；(四)监督管理规约的实施；(五)业主大会赋予的其他职责。"《物业管理条例》将业主委员会明确定位为业主大会的执行机构，从而建立一种业主大会和业主委员会并存，业主决策机构与执行机构分离的管理模式。

《物权法》第八十三条第二款规定："业主大会和业主委员会对物业范围内发生的任意弃置垃圾、排放污染物或者噪声、违反规定饲养动物、违章搭建、侵占通道、拒付物业费等损害他人合法权益的行为，有权依照法律、法规以及管理规约，要求行为人停止侵害、消除危险、排除妨害、赔偿损失。"该项法律规定，既授予了业主委员会相应的管理权利，同时也是业主委员会对广大业主应尽的职责，上述矛盾种类也是生活中经常遇到的问题。

【法律依据】

《物权法》第八十三条(略)

《物业管理条例》第十五条(略)

8. 物业服务企业在物业管理活动中具有哪些权利与义务?

【解答】

物业服务企业，是指依法设立，具有独立法人资格，专门从事物业管理和服务的企业。原《物业管理条例》以及相关法规、规章均称之为物业管理企业，《物权法》实施后统一改称为物业服务企业。日常生活中，物业服务企业常常被简称为“物业”。尽管物业服务企业是小区物业的实际管理人，但与更本源的管理人——“业主大会”和“业主委员会”相比，其性质地位及作用是不同的。物业服务企业实施物业管理是基于业主的委托，物业服务企业与业主签订物业服务合同，物业服务企业接受业主的委托，依据合同提供服务。

《物业管理条例》等相关物业管理法律法规规定的物业服务企业的权利与义务，属于法定的权利义务。但物业服务企业的权利义务更多是通过物业服务合同的约定来明确。具体来说，依据物业管理法规及物业服务合同的约定，物业服务企业的权利义务一般有以下几个方面：

物业服务企业在物业管理活动中的基本权利：(1)依照物业服务合同和有关规定收取物业费，有包干制与酬金制两种收费方式，实务中多采取包干制收费方式；(2)依照物业服务合同和物业管理法律法规，对物业管理区域内的物业实施管理；(3)依照物业服务合同和物业管理法律法规，劝阻和制止物业管理区域内违反社会公德、管理规约的行为；(4)委托专营公司(如清洁公司、保安公司)承担专项物业管理业务；(5)实施物业管理中，要求业主委员会给予必要的配合与协助；(6)法律法规规定或物业服务合同约定的其他权利。

物业服务企业的在物业管理活动中的基本义务：(1)履行物业管理法律法规所规定的义务，比如承接物业时的查验义务，物业服务合同终止时的移交义务，协助安防、应急救助义务等。(2)履行物业服务合同，按照合同约定提供物业服务。物业服务内容主要包括：物业共用部位及共用设施设备的使用、管理和维护；公共环境卫生、秩序的维护；对业主不当行为的劝阻及报告；物业维修改造费用账目管理及物业服务档案的保管等。(3)对于物业管理中的有关信息依法进行公开，接受业主的监督。(4)接受房地产行政主管部门、其他有关行政主管部门及物业管理区域所在地政府的监督指导。(5)法律法规规定或物业服务合同约定的其他义务。

【法律依据】

《物业管理条例》第三十四条　业主委员会应当与业主大会选聘的物业服务企业订立书面的物业服务合同。

物业服务合同应当对物业管理事项、服务质量、服务费用、双方的权利义务、专项维修资金的管理与使用、物业管理用房、合同期限、违约责任等内容进行约定。

《物业管理条例》第三十五条　物业服务企业应当按照物业服务合同的约定，提供相应的服务。

物业服务企业未能履行物业服务合同的约定，导致业主人身、财产安全受到损害的，应当依法承担相应的法律责任。

《物业管理条例》第三十六条　物业服务企业承接物业时，应当与业主委员会办理物业验收手续。

业主委员会应当向物业服务企业移交本条例第二十九条第一款规定的资料。

《物业管理条例》第三十七条　物业管理用房的所有权依法属于业主。未经业主大会同意，物业服务企业不得改变物业管理用房的用途。

《物业管理条例》第三十八条　物业服务合同终止时，物业服务企业应当将物业管理用房和本条例第二十九条第一款规定的资料交还给业主委员会。

物业服务合同终止时，业主大会选聘了新的物业服务企业的，物业服务企业之间应当做好交接工作。

9. 物业业主和使用人的权利义务关系有哪些？

【解答】

《物业管理条例》第四十一条第一款规定："业主应当根据物业服务合同的约定交纳物业服务费用。业主与物业使用人约定由物业使用人交纳物业服务费用的，从其约定，业主负连带交纳责任。"

第四十七条规定："物业使用人在物业管理活动中的权利义务由业主和物业使用人约定，但不得违反法律、法规和管理规约的有关规定。物业使用人违反本条例和管理规约的规定，有关业主应当承担连带责任。"

《最高人民法院关于审理物业服务纠纷案件具体应用法律若

干问题的解释》(以下简称《物业服务纠纷司法解释》)第七条规定:“业主与物业的承租人、借用人或者其他物业使用人约定由物业使用人交纳物业费,物业服务企业请求业主承担连带责任的,人民法院应予支持。”上述规范中均使用了“物业使用人”的概念,因此作为法律适用的前提,有必要对“物业使用人”的概念进行界定。

业主对其物业享有所有权,业主自己当然可以占有使用物业,从广泛意义上说,业主也是物业使用人,但《物业管理条例》和《物业服务纠纷司法解释》中的物业使用人,是与业主相对应的概念,不包括业主本人。从理论上讲,业主之外的物业使用人,可能是合法使用人,也可能是非法使用人,但上述法律规范所指物业使用人应当是经过业主许可而使用业主物业的人。因此,物业使用人有以下特征:(1)物业使用人是通过与业主约定,获得许可而使用物业的人。物业使用人与业主之间的合同是物业使用人使用物业的依据。(2)物业使用人取得对物业的占有。因为占有是使用的前提,因此,物业使用人与业主订立合同并实际占有物业。在业主向物业使用人转移占有后,如果物业使用人让房屋空置,或者将房屋移交他人占有或使用,其仍不失为物业使用人,仍应当对业主或物业服务企业承担义务。(3)物业使用人是物业的合法使用人未经业主同意而非法占有物业并加以使用的人,尽管可能实际享受了物业服务企业的服务,但由于其占有使用物业的非法性,不存在就物业费的支付与业主达成一致,因此,此种情况下物业服务企业应当向业主本人请求支付物业费。《物业服务纠纷司法解释》将物业使用人分为三类:物业的承租人、借用人或者其他物业使用人。承租人是与业主订立租赁合同,业主将物业交付给承租人使用而使其成为物业使用人。借用是通过与业主订立借用合同，由业主向其交付物业而成为物业使用人。除此之外，物业使用人也可能是与业主订立了房屋买卖合同但还未履行房屋过户登记的房屋买受人。在这种情况下，房屋的买受人还没有取得房屋的所有权，不具备业主的资格，但其占有使用房屋是合法的，也属于房屋使用人。

物业使用人是物业管理法律关系中的一类特殊主体，由于对其法律地位定位不甚清晰，因此在物业管理实践中，与物业使用人相关纠纷时有发生。主要集中在两个方面，一是物业使用人能否成为业主委员会成员；一是物业费与维修资金的交纳。

【法律依据】

《物业管理条例》第四十七、四十八条(略)

《物业服务纠纷司法解释》第七条(略)

10. 前期物业管理纠纷的具体情节有哪些?

【解答】

物业管理纠纷，是指在物业公司接受委托为小区提供物业管理服务过程中产生的各类纠纷，根据委托时间和主体的不同，物业管理纠纷可以分为前期物业管理纠纷和普通物业管理纠纷。前期物业管理纠纷主要种类有：(1)物业管理费用纠纷。常见的纠纷类型之一，系因业主拒绝向小区的物业管理公司缴纳相应的物业管理费用而引发的纠纷。(2)排除妨害纠纷。该种纠纷多因共有部分或公共设施的使用引发。如小区业主在规划绿地内私搭乱建等，物业管理公司也可能会未经业主同意的情况下将公共的区域擅自用作他途，引发排除妨害类纠纷的产生。(3)侵权责任纠纷。《侵权责任法》第三十四条第一款规定：用人单位的员工因执行工作任务造成他人损害的，由用人单位承担侵权责任。实践中，物业管理公司的工作人员在履行职务过程中，可能发生对业主人身或者财产权益的侵害，此时产生的纠纷即为侵权责任纠纷。(4)其他纠纷，如代收代缴水电产生的纠纷物业移交产生的纠纷等都可以在广义上归于前期物业管理纠纷。

在众多的物业管理纠纷中，十分典型和常见《物业管理条例》第二十一条的规定，在业主、业主大会选聘物业服务企业之前，建设单位选聘物业服务企业的，应当签订书面的前期物业服务合同。前期物业服务合同的出现具有一定的客观必然性。新的住宅小区建成伊始，入住的业主人数不足法定要求，故无法召开业主大会或者成立业主委员会，因此也就无法由业主大会或者业主委员会出面聘请物业管理公司，但小区内房屋的修缮及公共区域的维护又时刻离不开专人管理，所以开发商通常会在小区建成时聘请物业管理公司对小区进行前期的物业管理，此时，开发商与提供前期物业服务公司所签订的合同即为前期物业服务合同。在前期物业服务合同履行期间，因涉及合同权利义务所引发的纠纷，可以称之为前期物业管理纠纷。

【法律依据】

《物业管理条例》第二十一条　在业主、业主大会选聘物业服务企业之前，建设单位选聘物业服务企业的，应当签订书面的前期物业服务合同。

《侵权责任法》第三十四条　用人单位的员工因执行工作任务造成他人损害的，由用人单位承担侵权责任。

11. 签订购房合同时开发商制定物业管理合同合法吗?

【解答】

《物业管理条例》第二十二条规定:建设单位应当在销售物业之前,制定临时管理规约,对有关物业的使用、维护、管理,业主的共同利益,业主应当履行的义务,违反临时管理规约应当承担的责任等事项依法作出约定。我国《城市房地产开发经营管理条例》第二十八条也规定:商品房销售,当事人双方应当签订书面合同。合同应当载明商品房的建筑面积和使用面积、价格、交付日期、质量要求、物业管理方式以及双方的违约责任。因此,在签订购房合同时,开发商制定物业管理合同是合法的,同时也是必要的。

住宅小区建成销售初期,业主的入住率未达召开业主大会或者成立业主委员的法定人数要求,无法由业主的意愿来决定聘请何家物业管理公司,但是小区的环境和设施又时刻离不开专门的维护和管理,因此只能由开发商来聘请物业管理管理公司为小区提供前期物业服务。开发商为了小区的整体利益委托物业公司为小区提供前期物业管理服务并无不当,业主在享受了物业公司提供的前期物业管理服务后,理应交纳相应费用。

【法律依据】

《物业管理条例》第二十二条　建设单位应当在销售物业之前,制定临时管理规约,对有关物业的使用、维护、管理,业主的共同利益,业主应当履行的义务,违反临时管理规约应当承担的责任等事项依法作出约定。

建设单位制定的临时管理规约，不得侵害物业买受人的合法权益。

《物业管理条例》第二十六条　前期物业服务合同可以约定期限；但是，期限未满、业主委员会与物业服务企业签订的物业服务合同生效的，前期物业服务合同终止。

《城市房地开发经营管理条例》第二十八条　商品房销售，当事人双方应当签订书面合同。合同应当载明商品房的建筑面积和使用面积、价格、交付日期、质量要求、物业管理方式以及双方的违约责任。

12. 开发商订立的前期物业服务合同对业主有约束力吗？

【解答】

《最高人民法院关于审理物业服务纠纷案件若干问题的解释》第一条规定：建设单位依法与物业服务企业签订的前期物业服务合同，以及业主委员会与业主大会依法选聘的物业服务企业签订的物业服务合同，对业主具有约束力。业主以其并非合同当事人为由提出抗辩的，人民法院不予支持。

当然，合同中如果存在侵害业主权利，违反法律、行政法规的强制性规定，如擅自处分公共区域和建筑，或者某项管理项目的收费超过相关部门制定的标准，自然是无效的，根据《物业管理条例》第二十六条的规定，前期物业服务合同即使期限未满，但业主委员会与物业服务企业签订的物业服务合同生效的，前期物业服务合同将终止。

很多业主都有这样的疑问，前期物业服务合同是由开发商和物业管理公司签订的，我并没有参与，那这份合同对我有约束力吗？回答是有约束力，这份由开发商制定物业管理合同是合法的，同时也是必要的。业主虽不是前期物业服务合同的合同直接相对方，但该合同是开发商为了小区的整体利益并按照法律规定的招投标程序选任制定的，同时该前期物业服务合同也在购房合同签订时向业主进行了明示，并作为合同的附件部分由业主签署，所以该合同对业主具有法律约束力。

【法律依据】

《物业管理条例》第二十六条(略)

《物业服务纠纷案件若干问题的解释》第一条(略)

13. 开发商“赠送物业费”承诺对物业公司是否有约束力？

【解答】

新建商品住宅出售单位与住宅买受人签订住宅转让合同时，应当将住宅临时管理规约、前期物业管理服务合同和住宅使用说明书作为住宅转让合同的附件，因此，业主购买房屋时将同时与开发商及前期物业管理公司分别建立两种法律关系：一是与开发商之间的商品房买卖合同关系；二是与物业管理公司的物业服务合同关系，而开发商与物业管理公司之间并未因此产生权利义务关系。开发商的“赠送物业费”承诺，其本质是一种为物业管理公司创设义务的行为，该承诺在与业主的商品房买卖合同关系中作出，根据合同的相对性原理，物业管理公司并非该合同关系的当事人，除非其明确表示同意，否则当然不受该承诺的约束。

【法律依据】

《民法总则》第一百七十一条 行为人没有代理权、超越代理权或者代理权终止后，仍然实施代理行为，未经被代理人追认的，对被代理人不发生效力。

《合同法》第四十八条 行为人没有代理权、超越代理权或者代理权终止后以被代理人名义订立的合同，未经被代理人追认，对被代理人不发生效力，由行为人承担责任。

14. 开发商制定的临时管理规约是否可以修改？

【解答】

根据我国《物业管理条例》第二十二条的规定，建设单位应当在销售物业之前，制定临时管理规约，对有关物业的使用、维护、管理业主的共同利益，业主应当履行的义务，违反临时管理规约应当承担的责任等事项依法作出约定这就是临时管理规约的由来。之所以称为临时管理规约，是因为此临时管理规约系开发商单方制定，受客观原因所限制定时未征求也不可能征求全体业主的意愿，故只适用于小区尚未成立业主大会或者业主委员会之前的时间段。临时管理规约具有临时性和暂行性，在主体和程序符合法律规定的情况下，是可以被修改的。《物业管理条例》第十一条、十二条规定已经明确。因此，根据上述规定，业主享有修改临时管理规约的权利，但同时需满足一定的条件：首先，该修改决定系经业主共同决定，也即该权利属于一种整体性权利，并非专属于某个体，而应由业主大会或者业主委员会的形式代为行使。其次，决定修改临时管理规约，应当经专有部分占建筑物总面积过半数的业主且占总人数过半数的业主同意。

【法律依据】

《物业管理条例》第十一条(略)

15. 开发商委托自己的子公司担任前期物业服务公司合法吗?

【解答】

开发商委托自己的子公司担任物业服务公司合法与否，关键要看子公司是否具有相应资质，聘用过程是否符合法律规定的招投标要求。《物业管理条例》第二十四条规定，国家提倡建设单位按照房地产开发与物业管理相分离的原则，通过招投标的方式选聘具有相应资质的物业服务企业住宅物业的建设单位，应当通过招投标的方式选聘具有相应资质的物业服务企业；投标人少于三个或者住宅规模较小，经业所在地的区、县人民政府房地产行政主管部门批准，可以采用协议方式确定具有相应资质的物业服务企业。根据上述规定，包括子公司在内的任何取得物业管理资质的公司都可以依照法定的招投标程序成为小区的前期物业服务主体：也就是说，取得相应资质的子公司如果系经合法程序选聘成为小区的前期物业服务提供商，是完全合法有效的。

现实生活中确实存在开发商委托子公司为自己开发的小区提供前期物业管理服务的情况，这也引起了很多业主关于两公司之间“关联关系”是否涉嫌违法的疑虑。实际上，开发商与其子公司是两个独立的法人主体，各自承担独立的民事责任。《公司法》第十四条规定，公司可以设立子公司，子公司具有法人资格，依法独立承担民事责任。尽管如此，开发商也并非可以随意聘请自己的子公司为自己开发的小区提供前期物业管理服务。为了杜绝开发商和子公司之间的“关联利益”，《物业管理条例》第五十六条同时规定，住宅物业的建设单位未通过招投标的方式选聘物业服务企业或者未经批准，擅自采用协议方式选聘物业服务企业的，由县级以上地方人民政府房地产行政主管部门责令限期改正，给予警告，可以并处十万元以下的罚款。

【法律依据】

《公司法》第十四条(略)

《物业管理条例》第二十四条、五十六条(略)

16. 开发商可以在房地产买卖合同中约定减免业主物业服务费吗?

【解答】

开发商在房地产买卖合同中约定减免业主物业服务费的行为，与本章第 4 个问题所涉及的法律分析是相同的。不论措辞为何，开发商作出的“赠送物业费”承诺与“减免物业费”承诺，其本质是一种为物业管理公司创设义务的行为，该承诺系在与业主的商品房买卖合同关系中作出，根据合同的相对性原理，物业管理公司并非该合同关系的当事人，除非其明确表示同意，否则当然不受该承诺的约束。《民法总则》第一百七十一条也规定，无权处分行为只有经过被代理人的追认方对被代理人产生约束力。详见问题13的解答部分。

【法律依据】

《民法总则》第一百七十一条(略)

《合同法》第四十八条(略)

17. 小区内的公共设施的权属究竟归属开发商还是全体业主?

【解答】

《物权法》出台之前，小区公共设施的范围、权属和管理等问题一直没有明确的法律法规加以规范。2007年10月1日,《物权法》施行后，对此问题进行了专章规定。《物权法》第七十条规定：业主对建筑物内的住宅、经营性用房等专有部分享有所有权，对专有部分以外的共有部分享有共有和共同管理的权利。据此，小区内的公共设施的权属属于业主共有，而非开发商所有

小区的共有部分和公共设施归业主共有的规定，同时也从诉讼程序上明确了共有权益受到侵害的业主可以请求排除妨害、恢复原状。这里还有一个问题需要解答，小区的哪些建筑和部分属于上述条文中规定的共有部位和公共设施呢?《物权法》第七十三条给出了明确的答案，这些部分和设施为：(1)建筑区划内的道路，属于业主共有，但属于城镇公共道路的除外；(2)建筑区划内的绿地，属于业主共有，但属于城镇公共绿地或者明示属于个人的除外；(3)建筑区划内的其他公共场所、公用设施和物业服务用房，属于业主共有。值得注意的是，虽然小区的共有部分和公共设施的权属归业主所有，但该种所有权不同于普通意义上的

所有权，而是属于一种共有性质的所有权，对共有部分和公共设施的管理和使用都需要由全体业主共同决定。《物权法》第七十六条第五项和第六项规定的事项，应当经专有部分占建筑物总面积2/3以上的业主且占总人数2/3以上的业主同意。决定前款其他事项，应当经专有部分占建筑物总面积过半数的业主且占总人数过半数的业主同意。

【法律依据】

《物权法》第七十条、第七十三条、第七十六条(略)

18. 前期物业服务合同到期，小区还没有成立业主委员会怎么办？

【解答】

小区建成入住后，为更好地行使和维护广大业主的合法权利，应尽快召开业主大会成立业主委员会。根据《业主大会和业主委员会指导规则》的相关规定，物业管理区域内，已交付的专有部分面积超过建筑物总面积50%时，建设单位应当按照物业所在地的区、县房地产行政主管部门或者街道办事处、乡镇人民政府的要求，及时报送筹备首次业主大会会议所需的文件资料。符合成立业主大会条件的，区、县房地产行政主管部门或者街道办事处、乡镇人民政府应当在收到业主提出筹备业主大会书面申请后六十日内，负责组织、指导成立首次业主大会会议筹备组筹备组应当自组成之日起九十日内完成筹备工作，组织召开首次业主大会会议。业主大会自首次业主大会会议表决通过管理规约、业主大会议事规则，并选举产生业主委员会之日起成立。根据《物业管理条例》第二十六条的规定，业主委员会与新的物业服务企业签订的物业服务合同生效的，前期物业服务合同将终止。现实生活中，有的小区因为各种原因迟迟未召开业主大会也未成立业主委员会，而前期物业管理服务合同却已经期限届满，这种情况下，如果小区所在物业管理服务公司决定不再继续提供物业管理服务，那么小区的管理将陷入混乱的境地，如果小区所在物业管理服务公司决定按原前期物业管理服务合同的约定继续提供物业管理服务的，则可以视为一种事实上的物业服务合同关系，是合法有效的，接受物业管理服务的业主应依约缴纳相应的物业管理费用，直至业主大会、业主委员会成立后选聘新的物业管理公司为止。同时，为了避免某些特殊情况导致业主委员会迟迟不成立，前期物业服务合同长期侵害业主权利的现象发生，《物业管理条例》第十条规定，小区只有一个业主的，或者业主人数较少且经全体业主一致同意，决定不成立业主大会的，由业主共同履行业主大会、业主委员会职责。此时，全体业主可以直接决定解除前期物业管理合同，聘请新的物业管理服务企业。

【法律依据】

《业主大会和业主委员会指导规则》第八条　物业管理区域内，已交付的专有部分面积超过建筑物总面积50%时，建设单位应当按照物业所在地的区、县房地产行政主管部门或者街道办事处、乡镇人民政府的要求，及时报送下列筹备首次业主大会会议所需的文件资料：

(1)物业管理区域证明；

(2)房屋及建筑物面积清册；

(3)业主名册；

(4)建筑规划总平面图；

(5)交付使用共用设施设备的证明；

(6)物业服务用房配置证明；

(7)其他有关的文件资料。

第九条　符合成立业主大会条件的，区、县房地产行政主管部门或者街道办事处、乡镇人民政府应当在收到业主提出筹备业主大会书面申请后六十日内，负责组织、指导成立首次业主大会会议筹备组。

第十五条　筹备组应当自组成之日起九十日内完成筹备工作，组织召开首次业主大会会议。

《物业管理条例》第十条、第二十六条(略)

19. 前期物业服务合同未履行完毕，业主可以解聘物业服务公司吗?

【解答】

前期物业服务合同是一种具有过渡性质的临时性合同，根据《物业管理条例》第二十六条的规定，小区召开业主大会、成立业主委员会后可以不再履行前期物业服务合同，决定解除和聘请物业管理公司的事宜，即使此时前期物业服务合同期限仍尚未届满。业主该项权利的另一项法律依据来自于《物权法》第七十六条第一款第四项的规定，业主有权选聘和解聘物业服务企业或者其他管理人当然，解聘原物业管理公司应当符合法律规定的条件和履行必要的程序。首先，根据《物权法》第七十六条第二款的规定，选聘和解聘物业服务企业或者其他管理人的决定应当经专有部分占建筑物总面积过半数的业主且占总人数过半数的业主同意。其次，解聘原物业服务企业应当履行必要的告知程序。《合同法》第九十二条规定：合同的权利义务终止后，当事人应当遵循诚实信用原则，根据交易习惯履行通知、协助、保密等义务《合同法》第九十六条规定：当事人依照本法第九十三条第二款、第九十四条的主张解除合同的，应当通知对方。综上，即使前期物业服务合同尚未到期，业主满足符合法律规定的条件和履行相应程序后，有权解聘提供前期物业服务的物业公司。

依据我国《物业管理条例》之规定，无论小区业主委员会与物业公司间是否约定服务期限以及约定的服务期限是否届满，小区业主大会成立后均有权通过法定程序选择新的物业服务企业对小区进行物业管理。因此，小区业主委员会有权依法与其他物业服务企业签订物业服务合同，该合同生效时，前期物业服务合同终止。小区业主委员会要求物业公司撤离小区、移交交相关设施和资料，法院一般予以支持。

小区业主委员会成立后，依照《物权法》第七十六条、《物业管理条例》第二十六条的规定，决定行使选任和聘请物业公司的权利，前期物业服务合同的权利义务关系自新物业服务合同生效时终止。其次，小区的业主委员会也在聘请新物业公司后，将结果及时告知了原物业公司，并给予了原物业公司合理的腾退时间，履行合同法规定的合同解除程序。原物业公司在小区业主委员会是否越权的问题上“做文章”，面对小区业主委员会完备的成立手续和签订合同时合法的资格，该物业公司只能面临败诉的结果。

【法律依据】

《物权法》第七十六条(略)

《合同法》第九十二条　合同的权利义务终止后，当事人应当遵循诚实信用原则，根据交易习惯履行通知、协助、保密等义务。

《合同法》第九十六条　当事人一方依照本法第九十三条第二款、第九十四条的规定主张解除合同的，应当通知对方。合同自通知到达对方时解除。对方有异议的，可以请求人民法院或者仲裁机构确认解除合同的效力。

20. 前期物业管理公司遭解聘后，拒绝退出怎么办？

【解答】

前期物业管理公司遭到解聘后，会因这样或那样的一些原因拒绝退出小区，由此导致纠纷的产生。作为一种常见的民事纠纷类型，其解决途径有以下几种：(1)协商解决。代表全体业主意愿和利益的业主会员会可以出面与物业管理公司就双方存在的问题进行沟通和交流，通过协商解除存在的分歧和争议，顺利地完成物业管理的解聘和退出事宜。(2)人民调解委员会调解。人民调解，是指人民调解委员会通过说服、疏导等方法，促使当事人在平等协商基础上自愿达成调解协议，解决民间纠纷的活动。针对解聘过程中产生的纠纷，小区的业主委员会或者物业管理公司均可以申请人民调解委员会进行调解，并达成调解协议。关于调解协议的效力，《人民调解法》第三十一条规定，经人民调解委员会调解达成的调解协议，具有法律约束力，当事人应当按照约定履行。(3)行政举告。《物业管理条例》第五十八条规定，前期物业服务企业不移交有关资料的，由县级以上地方人民政府房地产行政主管部门责令限期改正；逾期仍不移交有关资料的，对物业服务企业予以通报，处一万元以上十万元以下的罚款。(4)民事诉讼。作为平等民事主体之间的合同关系，因解聘事宜产生的纠纷可以通过民事诉讼的方式加以解决。《物业服务纠纷案件若干问题的解释》第八条规定，业主大会按照《物权法》第七十六条规定的程序作出解聘物业服务企业的决定后，业主委员会请求解除物业服务合同的，人民法院应予支持。综上，如物业公司遭到解聘后仍不退出小区，小区业主委员会可以根据争议的具体情况和风险成本选择上述四种途径进行解决。

【法律依据】

《人民调解法》第三十一条　经人民调解委员会调解达成的调解协议，具有法律约束力，当事人应当按照约定履行。

人民调解委员会应当对调解协议的履行情况进行监督，督促当事人履行约定的义务。

《物业管理条例》第五十八条　违反本条例的规定，不移交有关资料的，由县级以上地方人民政府房地产行政主管部门责令限期改正；逾期仍不移交有关资料的，对建设单位、物业服务企业予以通报，处1万元以上10万元以下的罚款。

《物业服务纠纷案件若干问题的解释》第八条　业主大会按照物权法第七十六条规定的程序作出解聘物业服务企业的决定后，业主委员会请求解除物业服务合同的，人民法院应予支持。

21. 物业服务合同属于委托合同还是服务合同？

【解答】

现实中，很多小区业主或业主委员会在与物业管理签订合同时，合同名称会体现不同的类型，主要包括委托合同和服务合同两大类型。司法实践中，在立案阶段的区别主要体现在案件案由表现形式的不同：部分案件的案由定为服务合同纠纷，部分定为物业管理纠纷，部分体现为委托合同纠纷。那么，上述合同性质的不同对业主维权具体会有何种影响呢？业主应选择何种案由才能更好地主张自己的权利呢？

我们认为，从便于业主维权的角度考虑，综合物业服务合同从法律性质上分析以及实践效果考量，应以服务合同性质为宜。

首先，有偿的委托合同，承担法律责任的前提是以物业公司存在过错为前提，而司法实践中物业公司存在过错需要业主举证，而合同法是以违约责任为框架构建，这不但违反合同法之精神，而且无形中加大了业主的举证责任。其次，委托合同可以由委托方或受托方随时解除的规定，极大破坏了物业服务关系的稳定性，不利于合同的履行。因此，虽然物业服务合同从内容上必然存在业主委托物业公司处理部分业主权利的内容，但并不能单纯理解为双方仅为简单的委托合同关系，而认定为服务合同关系更利于业主和物业公司合同之履行。

【法律依据】

《合同法》第四百零六条　有偿的委托合同，因受托人的过错给委托人造成损失的，委托人可以要求赔偿损失。

《合同法》第四百一十条　委托人或者受托人可以随时解除委托合同。因解除合同给对方造成损失的，除不可归责于该当事人的事由以外，应当赔偿损失。

22. 无书面物业管理服务合同时，业主和物业公司的法律关系如何认定？

【解答】

实践中，部分小区存在业主与物业公司无书面合同的情况，此时业主和物业公司之间形成的法律关系是何种性质？我们认为，如果物业公司实际提供了相应的物业服务，则其与业主之间形成了事实上的物业服务合同关系，业主并不能以没有书面合同为由拒绝缴纳物业费，物业公司也不能以无书面合同为由不履行相应的服务义务。而对于合同的具体内容，虽然没有明确书面的约定，但可以参照同档次小区的物业收费标准及服务项目确定双方的权利义务关系。

实践中一般存在两种无书面合同的情况，并按照不同情形收费标准亦存在一定的不同：

第一，签订了前期物业合同，但到期后未再续签。此时，收费标准一般参照原物业合同约定的标准予以认定。若原物业合同约定的收费标准在合理范围，一般不做更改，此为一般原则。但若收费标准明显过高或者明显低于物业公司实际支出成本，则法院可以依照市场实际情况，根据公平原则予以调整。

第二，从未签订物业合同的情况。此时应遵循合理、公开及收费与服务相适宜的原则，合理收取物业费，区别不同物业的性质和特点，按照行政主管部门制定的收费办法，在物业服务合同中作出约定。普通住宅的物业费是参照政府的指导价，确定费用时应以物业管理服务的合理成本为基础，以业主的经济承受能力进行综合测算。如果未对收费标准、缴费方式进行约定，物业管理公司对小区进行了管理，实际支出了相关费用，应当给予相应的经济补偿。

业主与物业公司无书面物业合同关系，但物业公司实际为业主提供了物业服务，业主享受相应物业服务内容，双方成事实物业服务关系，双方物业服务合同仍然成立，业主应负有支付物业费的义务。

【法律依据】

《合同法》第十条　当事人订立合同，有书面形式、口头形式和其他形式。法律、行政法规规定采用书面形式的，应当采用书面形式。当事人约定采用书面形式的，应当采用书面形式。

23. 业主以没有看到业主委员会和物业服务公司签订的合同为由，拒交物业服务费合理吗？

【解答】

同一个物业管理区域内的业主，应当在物业所在地的区、县人民政府房地产行政主管部门或者街道办事处、乡镇人民政府的指导下成立业主大会，并选举产生业主委员会。业主委员会成立后，享有对业主公共部分利益进行管理、处分的权利。实践中，在成立业主委员会的小区中，通常将转由业主委员会选聘物业管理机构进行物业管理并以业主委员会的名义代表全体业主与物业公司签订物业服务合同。此时，该物业服务合同原则上对全体业主具有约束力，业主不得以不知情为由拒交物业费。当然，业主委员会对物业合同负有向业主告知的义务，若未履行相应义务，业主有权通过相应程序更换业委会成员。

除此情形之外，在以下两种情况下，业主亦需要向物业公司缴纳物业费：(1)物业服务合同期满后，物业服务公司与业主委员会没有续签合同，但又继续进行了物业服务；(2)原物业管理服务合同期满没有续签，业主接受了相应的物业服务。

物业公司与业主委员会签订的物业服务合同对小区业主具有合同约束力的问题。业主虽然未直接与物业公司签订物业管理合同，但应负担相应的物业费。首先，该小区业委会资质合法，业委会有权代表业主签订物业管理合同，上述合同对业主具有相应的约束力，而是否告知业主系业委会履责层面的问题，但与是否应缴纳物业费并无直接的关系；其次，物业公司也实际向吴某提供了相应的物业服务，因此应当向物业公司缴纳相应的物业费。

【法律依据】

《物业管理条例》第四十一条　业主应当根据物业服务合同的约定交纳物业服务费用。业主与物业使用人约定由物业使用人交纳物业服务费用的，从其约定，业主负连带交纳责任。

《物业管理条例》第六十五条　违反物业服务合同约定，业主逾期不交纳物业服务费用的，业主委员会应当督促其限期交纳；逾期仍不交纳的，物业服务企业可以向人民法院起诉。

24. 如何认定物业管理公司的违约责任？

【解答】

物业管理合同是物业管理公司提供物业管理服务，业主支付物业管理费用的合同。《合同法》第一百零七条规定:“当事人一方不履行合同义务或者履行合同义务不符合约定的,应当承担继续履行、采取补救措施或者赔偿损失等违约责任。”违约责任从内容上分类,一般分为两大类:一种是包括继续履行、采取补救措施的行为责任,比如履行房屋相关维修修缮义务、垃圾清运及小区内环境维护等。另一种是金钱给付责任,比如支付违约金、赔偿损失等。物业服务合同中如果约定物业公司违约需承担违约金的标准,则物业公司应承担支付违约金的义务。但在实践中,物业服务合同一般仅对业主拖欠物业费须承担相应滞纳金进行约定,很少约定物业公司的违约金标准,因此其承担违约责任的方式一般表现为继续履行、采取补救措施的行为责任及赔偿损失的给付责任。因为少有违约金的约定,使得惩罚性违约金出现的情形比较少见,故物业公司的违约责任一般表现为补偿性违约责任,即一般不超过业主的实际损失为限。

同时,如何认定物业公司存在违约行为亦根据案件情况不同有所区别。根据“谁主张,谁举证”的一般举证规则,小区业主应对物业公司存在违约行为承担举证责任。比如,如果认为物业公司未履行房屋维修义务,业主需举证证明自己房屋存在需要维修的内容且该内容在双方合同约定的物业公司需维修的范围内,同时还需要举证证明通知物业公司维修而物业公司未进行维修。但同样是维修义务,如果涉及公共设施之维修,比如小区照明、排水设施等维修,则业主一般仅需要证明上述设施存在损坏未修的情形即可。从上述对比可以看出,根据合同约定的义务范围不同,物业公司承担的违约行为认定标准业主的举证责任也存在一定的不同。因此仅能归纳出一般之原则,具体应根据实践中不同情形区别处理。

【法律依据】

《合同法》第一百零七条(略)

25. 物业服务公司能以住户没有产权证，并非业主为由，拒绝履行相关义务吗？

【解答】

《物业管理条例》第六条第一款规定：房屋的所有权人为业主。而物业服务的对象一般应为业主，因此在实践中，会存在房屋实际使用人并非业主的情形。主要包括：(1)购买了房屋但尚未正式取得房屋产权证的业主。如购买期房但房产证尚未办理的购房人，或者购买二手房但尚未进行过户手续的购房人。(2)房屋承租人、借用人或者其他依法具有房屋使用权的人。那么对于上述几种类型的使用人，物业公司可否以并非《物业管理条例》所称的业主为由拒绝履行义务吗？对此应以以下原则区别对待：

对于第一种类型的房屋使用者，若为购买期房的购房者，因物业公司系开发商前期聘任，一般将一并签订物业服务合同，实践中亦基本没有物业公司不予提供物业服务的情形，若为二手房购房者，则存在一个物业交接的问题。实践中，物业公司对于通过二手房买卖方式更换业主的，一般以新老业主是否一并至物业公司进行物业交接为标准认定业主身份：如果进行了包括买卖双方及物业公司的物业交接手续，则提供物业服务的主体可以变更为新业主，相对应的变更后业主也应承担支付物业费的义务，否则，物业公司原则上仍只对物业合同所约定的原业主承担服务义务。而对于第二种类型的业主，因合同相对性所限，物业公司原则上不承担对承租人和借用人提供物业服务的合同义务。

【法律依据】

《物业管理条例》第六条(略)

《合同法》第八条　依法成立的合同，对当事人具有法律约束力。当事人应当按照约定履行自己的义务，不得擅自变更或者解除合同。依法成立的合同，受法律保护。

26. 房屋承租人、借用人等引起物业服务纠纷是否适用《物业管理条例》规定？

【解答】

当前，因为租赁市场较为活跃，存在大量的业主将房屋租赁给租户或借给他人使用的情形，那么房屋承租人、借用人等引起物业服务纠纷后应如何处理？从理论上分析，根据合同相对性原则，合同义务方必须对合同内另一方直接承担合同义务，而房屋承租人、借用人并非物业服务合同的一方当事人，因此不具备直接承担责任或主张权利的合同基础。然而，该合同相对性在某种特定条件下存在突破的可能性。《物业管理条例》第四十一条规定：业主应当根据物业服务合同的约定交纳物业服务费用。业主与物业使用人约定由物业使用人交纳物业服务费用的，从其约定，业主负连带交纳责任。从此条规定可以看出，对于物业使用人与业主不一致的情形，若双方约定由使用人承担物业费，则《物业管理条例》可以适用物业使用人，物业使用人需承担物业费用，而业主则需要承担连带责任。此种情形下，物业公司既可以要求业主承担物业费，也可以要求物业使用人承担物业费，同时也可以选择让二者承担连带给付责任。

在司法实践的判例中，各个法院处理的方式却并不统一。第一种观点认为，对于物业公司主张承租人负担物业费的主张是否成立，应审查承租人与房屋所有人签订的房屋租赁合同就物业费的约定：若租赁合同约定物业费由产权人负担，则物业公司无权起诉承租人；若租赁合同约定由承租人缴纳物业费，则可以不考虑合同相对性的原则，直接判决承租人负担物业费。第二种观点认为，无论租赁合同是否有约定物业费的分担，只要承租人实际享受了物业服务，则应按照其与物业公司存在事实物业服务合同关系为依据，由承租人支付物业费。第三种观点认为，应区分公共区域的物业服务内容和非公共区域的物业服务内容来分配物业费：对于非公共区域的物业服务，应由产权人负担物业费；而对于公共区域对应的物业费，应由实际享有物业服务方即承租方支付物业费。在司法实践中，与法理角度的不同体现了两种价值的取舍：若严格按照合同相对性处理，物业公司仅能起诉出租方，出租方因长期不在房屋内居住，势必加大主张物业费的难度，而最终的物业费一般仍需要由承租方予以负担，从诉讼成本考虑，加大了物业服务企业、出租方、承租方三方诉累；而直接按照公平原则，即谁获益谁负担的原则，不仅节约诉讼成本，也直接达到了实体公平的结果。因此，司法实践中，一般以公平原则直接判定承租方负担物业费，可以得到更好的社会效果。

此外需要注意两点：第一，上述合同相对性的限制仅限于物业服务合同项下的权利义务关系，如果系因房屋承租人或借用人侵权产生的纠纷，则需要按照实际侵权情况直接对被侵权方承担相应责任；第二，对于直接以事实物业服务关系判决由承租人支付物业费的案件中，因承租人与物业公司并无直接的书面合同，因此对于物业公司与出租人签订的合同中就拖欠物业费约定的违约金或者滞纳金的条款，仍应遵循合同相对性的原则，即上述条款不能适用于承租人。

【法律依据】

《民法总则》第一百七十六条　民事主体依照法律规定和当事人约定，履行民事义务，承担民事责任。

《合同法》第一百零七条　当事人一方不履行合同义务或者履行合同义务不符合约定的，应当承担继续履行、采取补救措施或者赔偿损失等违约责任。

《物业管理条例》第四十一条　业主应当根据物业服务合同的约定交纳物业服务费用。业主与物业使用人约定由物业使用人交纳物业服务费用的，从其约定，业主负连带交纳责任。

27. 物业服务公司收支情况是否应该向业主公开？

【解答】

《最高人民法院关于审理建筑物区分所有权纠纷案件具体应用法律若干问题的解释》第十三条规定，业主请求公布、查阅下列应当向业主公开的情况和资料的，人民法院应予支持：(1)建筑物及其附属设施的维修资金的筹集、使用情况；(2)管理规约、业主大会议事规则，以及业主大会或者业主委员会的决定及会议记录；(3)物业服务合同、共有部分的使用和收益情况；(4)建筑区划内规划用于停放汽车的车位、车库的处分情况；(5)其他应当向业主公开的情况和资料。该司法解释实施后，业主有权要求物业公司、业主委员会公开物业服务合同、共有部分的使用和收益的情况，物业公司、业主委员会拒绝公开的，甚至有权提起诉讼。也就是说，物业公司对于涉及上述内容的收支情况应予以公开。若小区成立了业主委员会，业主委员会同样有义务对公共部分收益处分等上述内容向全体业主公开。

【法律依据】

《建筑物区分所有权纠纷案件的解释》第十三条(略)

28. 业主能以物业服务未达到标准为由拒付或要求降低物业服务费吗？

【解答】

司法实践中，业主常以物业公司的服务未达到标准为由要求降低物业费标准或者拒绝支付物业费，此时应如何把握？若想解答这个问题，首先要弄清楚物业公司的服务标准是什么。物业服务项目内容十分广泛，而对应的标准也因为业主个体感受差异而很难有一个一致的标准，此时，考虑到小区物业纠纷涉及业主人数较多，擅自在个案中免除或者降低物业费标准势必影响物业公司的服务质量，从业主公共利益考量，法院一般看物业公司的服务是否达到根本违约的程度予以掌握。比如，如果物业公司连基本的物业服务都未提供，小区垃圾堆积如山，公共设施如照明设施大部分损坏，电梯等设备长期废置等情形普遍存在的话，一般可以认定物业公司服务未达标并构成根本违约，此时业主可以拒付或者要求减少物业费，而对此业主应承担一定的举证责任。相反的，如果仅有一小部分内容未做好，比如少量照明设备损坏、电梯偶尔无法正常运行等情形，法院一般不认定物业公司的行为构成根本违约，原则上不会调整物业费的标准。如果存在部分物业服务项目未提供且可以从整体物业费中予以区分，则业主有权要求扣除该部分物业费。实践中，对于是否调整物业费的收费标准，一般取决于法院自由裁量权的行使，物业公司服务非常不到位的情形下，个别案例中法院也存在将物业费标准调低的情况，但在该方面自由裁量权的行使上，法院态度一般都较为谨慎。

物业公司服务通常存在一定的瑕疵，但对于整体物业合同的履行而言并不构成物业公司的根本违约行为，因此，业主需要履行其合同的主要义务，即缴纳物业费的义务。

物业单位提供之服务与各业主衡量之标准可能无法吻合；各业主对权利义务注重点与物业单位提供服务基准点亦可存在出入，其体现了法院在办理此类案件中，对于个案利益与整体利益的取舍，以此为一种重要的衡量标准，限制法官的自由裁量权的行使。即在个案中，应将单个业主的利益、认定物业服务的标准融入小区整体利益的考量，谨慎地行使个案的自由裁量权，尽量保证小区整体服务标准，而同时尽可能地要求物业公司提升物业服务品质。

【法律依据】

（略）

29. 业主能以开发商违约为由拒绝交纳物业管理费吗？

【解答】

实践中，小区房屋在销售过程中出现不少问题，例如房屋建筑质量差、发布虚假广告、配套设施设备不齐全或面积有误差、房款计算错误等。这些问题许多要等广大的业主入住以后才逐渐暴露出来，而此时造成这些问题的开发商已将楼盘销售完毕，因此，业主往往以拒交物业管理费作为抗议和斗争的方法。虽然小区的前期物业服务企业与开发商有着千丝万缕的联系，然而从法律角度看，物业管理合同与房屋买卖合同是两种法律关系，物业管理公司与开发商是两个不同的企业法人，业主不得因为开发商的问题而拒绝向物业管理公司交付物业管理费。正确的做法应当是就开发商的违约行为向其主张权利，但对于物业费问题，物业公司若按照合同约定提供了相应的物业服务，则业主应按约定支付物业费。

物业服务合同和房屋买卖合同是两种不同的法律关系，物业服务合同本身应当涉及的内容并不应超越物业服务合同的内容，更不能延伸到房屋本身的质量问题上。

【法律依据】

《合同法》第一百零七条　当事人一方不履行合同义务或者履行合同义务不符合约定的，应当承担继续履行、采取补救措施或者赔偿损失等违约责任。

30. 业主拖欠物业服务费时，物业服务公司可以不为其提供物业服务吗？

【解答】

《合同法》第六十六条规定：当事人互负债务，没有先后履行顺序的，应当同时履行。一方在对方履行之前有权拒绝其履行要求。一方在对方履行债务不符合约定时，有权拒绝其相应的履行要求。物业服务合同是双务合同，物业服务公司有提供物业服务的义务，业主有缴纳物业费的义务。任何一方不履行合同的主要义务，都构成违约，相对方当然有权不再履行合同义务。因此，业主拖欠物业费时，物业公司不但可以不再为其提供物业服务，也可以解除双方的物业服务合同。实践中需注意的是物业公司停止物业服务的界限，因为物业服务内容中有很大一部分涉及业主公共利益，比如垃圾清运、照明、电梯运营等服务，物业公司在对违约业主暂停物业服务时，可以暂停对该业主个人部分的服务内容，但不能影响其他守约业主的利益，尤其是公共设施的服务必须照常进行。同样的，对于与业委会签订物业合同的物业公司，也不得以某一部分业主违约为由要求与业委会整体解除物业服务合同。

【法律依据】

（略）

31. 业主拖欠物业服务费，物业服务公司有权停水、停电吗？

【解答】

不能。《物业管理条例》第四十四条规定：物业管理区域内，供水、供电、供气、供热、通信、有线电视等单位应当向最终用户收取有关费用。根据本条规定及实践做法，现在小区业主缴纳水费、电费的主体并非物业服务公司，而物业服务公司也并非实际供水供电单位，因此，在业主拖欠物业服务费时，物业公司无权对业主进行停水、停电等行为，而是应当通过正当途径予以主张。如果擅自停水、停电给业主造成损失物业公司还需要承担赔偿责任。

【法律依据】

《物业管理条例》第四十四条(略)

32. 业主何时开始承担物业服务费？开发商交房后，业主可否以一直未入住为由拒交物业管理费？

【解答】

业主承担物业费的时间主要通过以下原则予以判断：如果签订了物业服务合同，则约定的服务期起始时间为承担物业费的时间；如果没有签订书面的物业服务合同，则以实际享受物业服务的时间为起算时间，实践中一般以业主办理入住手续作为认定物业服务的起算时间。因此，开发商交房后，业主虽然房屋实际空置，但物业服务企业已经开始进行物业服务，业主不得以此为由拒交物业费。

业主是否可以以未实际入住为由拒交物业费。司法实践中，对于业主是否入住房屋很难把握，而其本身因并非正当理由故并不能作为拒交物业费的理由。相对的，业主并未入住房屋也并不妨碍其向物业公司主张权利的资格，其同样有权对物业公司存在的违约行为要求其承担责任。同时，从小区整体物业服务质量考虑，单个业主以未入住为由拒交物业费，势必影响物业公司对整个小区的物业服务水平，因此，实践中，以未实际入住为由拒交物业费的抗辩一般不为法院所采纳。

【法律依据】

（略）

33. 小区的物业服务费究竟应该涵盖哪些费用？

【解答】

“物业服务费”是个大概念，一般来说是指保安费、保洁费、保绿费、管理费四项，但对于很多业主来说，很容易把这四项内容与额外的日常公共设施设备维修费以及电梯水泵运营能耗费等掺合在一起。同时，由于物业服务公司在收取了物业服务费用后，有的开发票、有的给收据，使得很多业主对于自己缴纳的“物业服务费”究竟包含了一些什么内容不甚清楚。因此，在某些小区里其收缴率相当低，有的甚至低至20%~30%，使得物业服务难以为继，造成其他已缴费业主的心理不平衡。《物业管理条例》第四十条只讲了合理公开收费问题，而基本物业服务费由哪些构成没有罗列出来，造成应该付的不付，而不该付的也付的怪现象。同时，造成物业服务费的欠费纠纷，除了物业服务企业服务不到位、开发商遗留问题为主要原因外，物业服务收费标准不明确，不能体现质价相符的原则是重要原因。而目前仍然有部分业主对物业服务费的定价缺少相关知识，物业收费忽高忽低，造成业主与物业服务企业矛盾重重，这种情况在前期物业管理上尤为突出。在收费方面，物业公司应该在给予业主的相关物业服务费用缴费收据上，将相关的收费目录名称和费用全部罗列清楚，不能简单地以一个“物业服务费”的名称来取代其中各类的费用名称。

【法律依据】

（略）

34. 物业服务合同没有明确收费标准，物业服务公司有权自行提高收费吗？物业服务收费标准是否必须经物价管理部门备案才有效？

【解答】

《物业服务收费管理办法》规定，物业服务收费应当遵循合理、公开以及费用与服务水平相适应的原则。物业服务收费应当区分不同物业的性质和特点分别实行政府指导价和市场调节价。具体定价形式由省、自治区、直辖市人民政府价格主管部门会同房地产行政主管部门确定。物业服务收费实行政府指导价的，有定价权限的人民政府价格主管部门应当会同房地产行政主管部门根据物业管理服务等级标准等因素，制定相应的基准价及其浮动幅度，并定期公布。具体收费标准由业主与物业管理企业根据规定的基准价和浮动幅度在物业服务合同中约定。实行市场调节价的物业服务收费，由业主与物业管理企业在物业服务合同中约定。物业管理企业应当按照政府价格主管部门的规定实行明码标价，着物业管理区域内的显著位置，服务内容、服务标的以及收费项目收费标准等情况进行公示。

从法律层面看，没有效力性、强制性规定要求物业服务企业将与业主约定的具体收费标准必须到物价局进行备案。但许多地方政府根据实际情况对物业收费标准进行登记备案制度，但备案仅仅是登记性质的，不是行政审批。登记备案仅是行政管理的需要，不能因为没有进行登记备案，就认为物业服务企业和业主委员会签订的物业服务合同中约定的收费标准是无效的。

同时需要指出的是，物业服务费标准作为物业服务合同的核心条款之一，必须遵循合同法的有关规定，如物业公司订立的物业费标准明显过高却要求业主必须接受，则根据合同法的规定可以认定为“霸王条款”，业主可以要求变更或者撤销。法院将参照同地段、同档次小区物业服务费的一般标准，根据业主的要求对于显失公平的条款予以变更或者撤销。

【法律依据】

《合同法》第五十四条　下列合同当事人一方有权请求人民法院或者仲裁机构变更或者撤销：

(1)因重大误解订立的；

(2)在订立合同时显失公平的。

一方以欺诈、胁迫的手段或者乘人之危，使对方在违背真实意思的情况下订立的合同，受损害方有权请求人民法院或者仲裁机构变更或者撤销。

当事人请求变更的，人民法院或者仲裁机构不得撤销。

35. 物业服务公司有权对不缴纳物业管理费的业主收取滞纳金吗？

【解答】

物业服务合同通常会约定业主未按时缴纳物业费，将产生滞纳金。上述滞纳金从性质上分析，实际上是业主不履行合同约定所需要承担的违约金，因此属于合法的范畴，业主应予以承担。但物业公司必须基于合同之约定行使上述权利，对于合同未约定滞纳金的情形，物业公司无权收取滞纳金。

同时，既然滞纳金作为违约金的一种表现形式，同样适用于违约金的相关法律标准。《合同法》第一百一十四条规定：约定的违约金低于造成的损失的，当事人可以请求人民法院或者仲裁机构予以增加；约定的违约金过分高于造成的损失的，当事人可以请求人民法院或者仲裁机构予以适当减少。因此，对于约定标准过高的滞纳金，业主可以要求法院予以酌减。《合同法司法解释(二)》第二十九条规定：当事人主张约定的违约金过高请求予以适当减少的，人民法院应当以实际损失为基础，兼顾合同的履行情况、当事人的过错程度以及预期利益等综合因素，根据公平原则和诚实信用原则予以衡量，并作出裁决。当事人约定的违约金超过造成损失的百分之三十的，一般可以认定为《合同法》第一百一十四条第二款规定的“过分高于造成的损失”。

拖欠物业费必然构成违约，故其除了承担物业费外，应按照合同约定支付滞纳金，但实践中滞纳金标准明显过分高于物业公司的实际损失的情形，法院依据业主的请求对滞纳金进行了酌减。关于酌减的幅度，业主可以参照《合同法司法解释(二)》第二十九条规定的标准予以计算。

【法律依据】

《合同法》第一百一十四条(略)

《合同法司法解释(二)》第二十九条(略)

36. 走廊、电梯、院落等小区的公共区域照明费用由谁负担？是从物业管理费用中提取还是由业主单独交纳？

【解答】

应从物业管理费用中提取。因为上述费用系公用设施费用，业主缴纳电费一般仅对其户内用电缴费，而上述公共设施费用一般由物业公司缴纳，故上述公共设施用电费用，应由全体业主缴纳物业管理费用后，从物业管理费用中予以支出。

【法律依据】

（略）

37. 首层用户是否应承担电梯费用？

【解答】

应当承担。根据《物权法》第七十、七十一、七十二条的规定，业主对建筑物内的住宅、经营性用房等专有部分享有所有权，对专有部分以外的共有部分享有共有和共同管理的权利。业主对其建筑物专有部分享有占有、使用、收益和处分的权利。业主对建筑物专有部分以外的共有部分，享有权利，承担义务；不得以放弃权利不履行义务。电梯是物业管理区域内全体业主的共用设施，产权归全体业主所有。电梯并不是为部分产权人提供专项性服务，全体业主均有使用的权利，住在一楼的业主要到楼上去办事，自然也要乘电梯，只是平常使用电梯次数较少而已。因此电梯的运行及养护费用，应由全体业主分摊。因为电梯的运行养护等费用，不会因一楼业主不使用而降低。小区电梯运行和养护收费属于业主共同管理事项，因此业主可以根据上述规定，经专有部分占建筑物总面积过半数的业主且占总人数过半数的业主同意的，可以对一楼业主是否交纳电梯运行和养护费用作出决议。

【法律依据】

《物权法》第七十条　业主对建筑物内的住宅、经营性用房等专有部分享有所有权，对专有部分以外的共有部分享有共有和共同管理的权利。

《物权法》第七十一条　业主对其建筑物专有部分享有占有、使用、收益和处分的权利。业主行使权利不得危及建筑物的安全，不得损害其他业主的合法权益。

《物权法》第七十二条　业主对建筑物专有部分以外的共有部分，享有权利，承担义务；不得以放弃权利不履行义务。

业主转让建筑物内的住宅、经营性用房，其对共有部分享有的共有和共同管理的权利一并转让。

《物权法》第七十三条　建筑区划内的道路，属于业主共有，但属于城镇公共道路的除外。建筑区划内的绿地，属于业主共有，但属于城镇公共绿地或者明示属于个人的除外。建筑区划内的其他公共场所、公用设施和物业服务用房，属于业主共有。

38. 业主家中被盗，能否要求物业公司予以赔偿？

【解答】

业主家中财物被盗，物业服务企业是否要承担赔偿责任？此问题从法律层面上分析，因为涉及民事赔偿责任与刑事责任交叉、侵权责任与违约责任竞合等专业性问题，故较为复杂。实践中发生的案例，处理的结果也不一定相同，有的判决不予赔偿，有的判决按一定比例赔偿或者全额赔偿。而作为业主而言，不必了解背后的法律规则，一般需要掌握以下几个基本认定标准即可：

首先，看合同中有无明确约定保安费用。物业服务企业与业主订立物业服务合同，收取物业管理费，合同中一般包含保安费这一项目。因此，物业公司从合同层面应负有一定的保安义务。此时物业公司提供的是有偿服务，若能证明其存在一定过错，则可能需要承担一定的赔偿责任。反之，如果物业公司未收取保安费用，则属于无偿服务，其仅在故意和重大过失的情形下，承担相应责任。

其次，看实际损失是否已经得到相应赔偿或者判决。业主家中物品被盗，根源上是刑事案件导致，如果小偷被抓住后合理退赔业主，则不存在损失的问题，物业公司无须进行赔偿。如果经过法院判决小偷赔偿业主损失，那该损失也在法律层面上存在赔偿义务人，虽然可能由于小偷赔付能力的问题导致短时间内难以实际赔偿，但同一份损失从法律角度上说，再要求物业公司承担是不合理的。如果通过各种情形表明实际损失确实无法追回，则可以认定为实际损失已经发生并确定，可结合上述第一项分析来认定物业公司存在与否赔偿责任。

再次，业主主张损失的数额实践中较难把握。家中物品被盗涉及赔偿问题，而数额更是最为重要的环节。但在实践中，因为被盗物品往往难以说清楚，法院一般仅能根据业主提供有效票据及生活常识予以认定，必然与实际损失存在一定的出入，而此时业主仅凭自己主张难以得到支持，必须提供有效凭证等交易记录予以证明。

最后，损失数额如果过大，则法院仍需调整赔偿数额。合同法基本原则之一是权利义务对等原则以及公平原则。如果业主缴纳的保安费用仅为几十元或者几百元每年，而损失数额多打几十万元或者上百万元，这不仅超出了订立物业合同时物业公司的可预见性，如果过高赔付也违反了合同法的公平原则。为避免物业公司赔付后加大业主保安费支出成本，法院一般在实践中也会考虑上述原则对赔付数额予以适当调整。

综上分析，被盗物品是否可得到物业公司赔偿的问题十分复杂，需根据实践中的情形，综合上述几种标准综合予以考量，而业主也不能过高期望其损失通过物业公司予以弥补。在国外，因为财产保险制度十分发达，上述风险往往通过投保的方式转移给保险公司，我国也有相应的保险公司在做家庭财产保险等相关业务，除了提高自身防范意识，将相关风险予以合理转移也不失为一个明智的选择。

【法律依据】

（略）

39. 物业服务公司追讨物业服务费有诉讼时效限制吗？

【解答】

有。但司法实践中，对于物业服务合同的时效问题的把握，与其他类型的民事案件的诉讼时效相比存在一定的特殊性。从法理上说，物业服务企业对拖欠物业服务的业主，应及时行使权利。同时物业服务企业也可以请求业主委员会协助催讨物业服务费，当然业主在物业纠纷诉讼中，对超过诉讼时效的诉讼请求，必须主动行使诉讼时效抗辩，否则人民法院不对诉讼时效问题进行释明及主动适用诉讼时效的规定进行裁判。公民、法人或其他组织的民事权利受到侵害，其不在法定的时效期间内行使权利，一旦时效期间届满时，即使向人民法院起诉，请求法院保护其民事权利，法院将不予支持(即丧失胜诉权)。当前《民法总则》第一百三十五条规定，向人民法院请求保护民事权利的诉讼时效期间为三年。诉讼时效期间自权利人知道或者应当知道权利受到损害以及义务人之日起计算。法律另有规定的，依照其规定。但是自权利受到损害之日起超过二十年的，人民法院不予保护；有特殊情况的，人民法院可以根据权利人的申请决定延长。当事人约定同一债务分期履行的，诉讼时效期间自最后一期履行期限届满之日起计算。人民法院不得主动适用诉讼时效的规定。

从上述规定可以看出，物业服务公司向业主追缴物业服务费的诉讼时效为三年，从费用交纳期限届满的第二天开始计算，若中间物业服务公司曾向业主追缴过欠费或业主同意交纳欠费，则可适用诉讼时效中断，从物业服务公司向业主追缴物业服务费或业主同意付费第二天起，诉讼时效重新计算。

我们认为，对物业公司尚未撤离小区的，一般不支持业主提出的诉讼时效抗辩意见。考虑到物业公司一直持续的履行合同、提供服务，即一直在以作为的形式持续履行合同义务。业主就应负有定期交纳物业费的义务。即使物业公司未及时进行催收，但应认为其以自己继续提供物业服务的行为主张了权利，故不应支持业主提出的诉讼时效抗辩意见，业主仍负有交清所欠物业费的义务。对物业公司已经撤离小区的，以撤离之日起算诉讼时效，并可适度从宽把握。如物业公司从撤离小区之日起超过两年未向业主主张权利，则可认为业主的诉讼时效抗辩意见成立；如物业公司从撤离之日起两年内，曾通过邮寄催费通知、提起诉讼等方式催要过，则诉讼时效发生中断，应重新计算。其中，对于以提起诉讼之外的方式催要的，审查不宜过苛。

诉讼时效在物业服务合同纠纷中的适用问题。物业服务合同基于其连续性服务的特点，其诉讼时效制度的适用问题较为复杂。而在实践中，物业公司对业主未缴纳物业费的行为的容忍度较其他类型的债权也较大，在实践中，部分业主也存在几年一交物业费的情形。若要求过于严苛，不仅不利于保障物业公司的权利，更会促使大量物业纠纷案件滋生，影响小区物业公司与业主的稳定关系，进而影响小区物业管理的整体水平。而在司法实践中，因为物业费的案件数量多，涉及业主较广，群体性特点强，出于从社会效果的考虑，部分法院对于物业费的案件按照批次予以受理，也从一定程度上对时效问题有所影响，因此在实践中，法院基本的审理原则是从宽把握，并结合案件实际特点，如物业公司是否撤场、是否在诉讼时效内通过不同方式主张过权利等因素综合予以考量。

【法律依据】

《民法总则》第一百八十八条　向人民法院请求保护民事权利的诉讼时效期间为三年。法律另有规定的，依照其规定。

诉讼时效期间自权利人知道或者应当知道权利受到损害以及义务人之日起计算。法律另有规定的，依照其规定。但是自权利受到损害之日起超过二十年的，人民法院不予保护；有特殊情况的，人民法院可以根据权利人的申请决定延长。

《民法总则》第一百八十九条　当事人约定同一债务分期履行的，诉讼时效期间自最后一期履行期限届满之日起计算。

《民法总则》第一百九十三条　人民法院不得主动适用诉讼时效的规定。

40. 物业服务企业对业主报修不及时服务，给业主造成损失怎么办？

【解答】

首先，应明确业主报修的相关损坏部分是否属物业公司维修范畴。根据相关法律规定，因房屋结构、外墙等涉及房屋建设本身存在质量问题的保修责任人是房屋开发企业，但业主房屋的质量问题向物业报修，物业公司一般是有责任向有开发公司反映并督促解决问题的，对于物业服务企业未尽反映及督促义务而造成业主损失的，也应根据其过错程度承担相应责任。此处应注意的是，房屋开发企业对房屋的维修一般有一定的保修期限，对于超过保修期限的公共部分的维修，应当使用公共维修基金，该基金的启动程序，应经业主申请由物业公司进行。

其次，对于属于物业维修服务范围的报修事项的处理。依据《物业管理条例》第三十五条规定，物业服务企业应当按照物业服务合同的约定，提供相应的服务。物业服务企业未能履行物业服务合同的约定，导致业主人身、财产安全受到损害的，应当依法承担相应的法律责任。另外，依据《物业服务纠纷案件若干问题的解释》第三条规定，物业服务企业不履行或者不完全履行物业服务合同约定的或者法律、法规规定以及相关行业规范确定的维修、养护、管理和维护义务，业主请求物业服务企业承担继续履行、采取补救措施或者赔偿损失等违约责任的，人民法院应予支持。故根据上述法律规定，当物业服务企业在业主进行报修的情况下，无故拖延未及时提供维修、管理服务，导致业主人身、财产安全受到损害的，应当依法承担相应的违约责任。

物业管理服务的性质。一般认为，物业管理服务是指物业服务企业按照物业服务合同约定，对房屋及配套的设施设备和相关场地进行维修、养护、管理，维护物业管理区域内的环境卫生和相关秩序的活动。业主与物业服务企业之间实际是一种服务合同关系，物业服务公司对于业主的物业提供维修、养护等服务既是相关物业行业规范确定的物业应负义务，在双方物业服务合同中一般也作为必备条款由双方加以约定。物业服务企业在业主进行报修的情况下，无故拖延未及时提供维修、管理服务，导致业主人身、财产安全受到损害的，应当依法承担相应的违约责任。具体承担责任的方式，包括继续履行、采取补救措施或者赔偿损失等。

【法律依据】

《合同法》第六十条　当事人应当按照约定全面履行自己的

义务。

当事人应当遵循诚实信用原则，根据合同的性质、目的和交易习惯履行通知、协助、保密等义务。

《合同法》第一百一十二条 当事人一方不履行合同义务或者履行合同义务不符合约定的，在履行义务或者采取补救措施后，对方还有其他损失的，应当赔偿损失。

《物业管理条例》第三十五条(略)

《物业服务纠纷案件若干问题的解释》第三条(略)

41. 业主装修不遵守管理规约，物业服务公司是否有权制止？

【解答】

管理规约又称业主公约、业主规约或简称为规约，是规范区分所有建筑物的管理、使用乃至所有关系的自治规则。管理规约是业主为谋共同利益，确保良好的生活环境，由全体业主通过业主大会而就物业的管理、使用、维护与所有关系等制定的规则。它如同公司的章程、国家的宪法，具有业主团体根本自治法规的性质，系业主团体的最高自治规则和业主基于意思自治精神而对小区物业管理所作出的自律约定。管理规约的存在，是业主为了明确相互之间的权利义务关系，维持物业小区的公共秩序、公共利益，而对应当享有的权利、应当履行的义务、违反管理规约应当承担的责任，以及物业小区的物业的管理、使用和维护所作出的约定。在法律规定的层面来讲，《物权法》规定，业主应当遵守法律、法规以及管理规约。《物业管理条例》第七条、第十七条除重述《物权法》的这些规定外，还特别明定：管理规约应当对有关物业的使用、维护、管理、业主的共同利益、业主应当履行的义务、违反管理规约应当承担的责任等事项依法作出约定，管理规约对全体业主具有约束力。

其次，业主擅自违反管理规约，应当由谁来进行制止？依据《物业管理条例》第四十五条规定，对物业管理区域内违反有关治安、环保、物业装饰装修和使用等方面法律、法规规定的行为，物业管理企业应当制止，并及时向有关行政管理部门报告，有关行政管理部门在接到物业管理企业的报告后，应当依法对违法行为予以制止或者依法处理。另外，在物业公司进行制止无效的情况下，物业公司可以向法院提起诉讼，要求业主承担恢复原状、停止侵害、排除妨害等相应民事责任。《物业服务纠纷案件若干问题的解释》第四条规定，业主违反物业服务合同或者法律、法规、管理规约，实施妨害物业服务与管理的行为，物业服务企业请求人民法院要求业主承担恢复原状、停止侵害、排除妨害等相应民事责任的，应予支持。

一般认为，管理规约对全体业主具有约束力，在业主违反管理规约的情况下，物业公司有权代表其他业主主张权利。物业公司接受小区业主委员会委托，对小区进行物业管理依据物业服务合同以及业委会制定的管理规约，物业公司有权对业主和物业使用人违反管理规约的行为进行制止，物业公司依据管理规约，全体业主在使用自有房屋时，不得擅自变更房屋结构、外貌和用途。业主对于自有部位的改造已经影响了房屋的外貌及原有结构，全体业主将维护物业服务区域秩序的管理权交给物业服务企业。该权利行使的主要途径是对业主实施“人”的管理。业主实施妨害物业服务与管理的行为，既有可能是违反物业服务合同的违约行为，有时也可能是一种侵权行为。赋予物业服务企业制止违反管理规约行为的权利，甚至相应的诉权，并未超出其对“人”管理权的行使边界，而且可以及时有效地制止不法行为。

【法律依据】

《物业管理条例》第七条(略)

《物业管理条例》第十七条　管理规约应当对有关物业的使用、维护、管理，业主的共同利益，业主应当履行的义务，违反管理规约应当承担的责任等事项依法作出约定。

管理规约应当尊重社会公德，不得违反法律、法规或者损害社会公共利益。

管理规约对全体业主具有约束力。

《物业服务纠纷案件若干问题的解释》第四条　业主违反物业服务合同或者法律、法规、管理规约，实施妨害物业服务与管理的行为，物业服务企业请求业主承担恢复原状、停止侵害、排除妨害等相应民事责任的，人民法院应予支持。

42. 业主搭建违章建筑，物业服务公司有权起诉要求拆除吗?

【解答】

首先，应明确何为违章建筑。违章建筑是行政执法和司法适用中极为普遍的法律概念。一般来说，违章建筑物是指“未经有关部门审查批准或采取欺骗手段骗取批准或虽经批准，但批准的内容违法而占地所建、扩建和改建的建筑物”。由于违章建筑本身先天的“违章”，可以看出其主要的法律特征即违法性：未经规划管理部门和土地管理部门批准；虽经有关部门批准，但批准手续、文件是采取欺骗手段骗取的；虽经有关部门批准，但批准的内容违反法律、法规的规定。因此，其在本质上是违反了《土地管理法》、《城市规划法》等相关法律、法规的规定而建造的房屋及其设施。

其次，应明确针对违反国家相关法律、法规的规定而建造的房屋及其设施，物业公司是否有权起诉要求拆除？依据《物业服务纠纷案件若干问题的解释》第四条规定："业主违反物业服务合同或者法律、法规、管理规约，实施妨害物业服务与管理的行为，物业服务企业请求业主承担恢复原状、停止侵害、排除妨害等相应民事责任的，人民法院应予支持。故业主违反法律规定，擅自建造违章建筑，物业服务企业有权提起诉讼。"

物业公司有针对业主的违章建设行为的诉权，一般认为，部分业主擅自破坏楼顶及隔离墙的原状，改变物业的原设计使用用途，是违反管理公约的行为，物业公司作为小区的物业管理服务企业，有权提起诉讼。

业主与物业公司签订的共同遵守《物业管理公约》中的有关约定的承诺书，在不违反国家有关强制性法律规定情形下，合法有效，当事人均应当按照公约中的有关约定行使权利，履行义务，业主作为该房屋的所有权人及实际使用人，在未经有关部门批准的情况下，擅自在房屋上加盖的行为，改变了该物业的原设计使用用途，影响了物业整体观瞻，违反上述公约的约定，侵害了全体业主的利益。物业公司作为该小区的物业管理服务企业，有权采取管理措施与提起诉讼。

【法律依据】

《物业服务纠纷案件若干问题的解释》第四条(略)

43. 业主在其独用的露台上搭建玻璃房，是否违反物业管理公约？

【解答】

此处应明确的是两个问题：一是业主独用露台为业主专有部分还是小区公共部分？二是应明确管理规约中对于公共部分的违规搭建是否作出了明确约定？

首先，就露台的归属问题。如果露台是专属于业主所有的，依据《物权法》第七十一条规定：业主对其建筑物专有部分享有占有、使用、收益和处分的权利。即业主于法律限制的范围内，可自由占有、使用、收益、处分自己的专有部分并排除他人的干涉。按照《建筑物区分所有权纠纷案件若干问题的解释》第二条第二款规定，露台要成为专有部分的组成部分，必须具备以下条件。(1)符合规划。该条款使用的"规划"一词，包括《物权法》第六章所说的"规划"，都具有特定的含义，即是经过规划行政主管部门批准的规划，而不是一般意义上讲的规划。这里的"规划"，也不仅仅是规划图，包括规划行政主管部门批准的与建设有关的所有文件，如施工图，等等，对此要特别注意。有了规划行政主管部门的规划，就表明该露台是合法建筑。(2)物理上专属于特定房屋。根据规划，该露台只属于特定房屋，是该特定房屋的附属物。(3)销售合同有约定。如果露台要成为某特定房屋的组成部分，必须还要有合同依据，即建设单位销售时已经根据规划列人该特定房屋买卖合同中。

其次，就管理规约中对于公共部分违规搭建的约定问题。如前所述，管理规约是规范区分所有建筑物的管理、使用乃至所有关系的自治规则。管理规约是业主为谋共同利益，确保良好的生活环境，由全体业主通过业主大会而就物业的管理、使用、维护与所有关系等制定的规则。故如果管理规约中对于属于小区公共部分的露台不得进行搭建进行了约定的，应当按照约定来进行管理。

业主独用的露台，其是否可以进行随意加盖？如前所述回答这一问题应明确该露台的所有权属性，即是否为业主专有。如果露台依据相关规定或约定，属于业主个人单独所有，其对露天进行的相关加盖、扩建等是否需要受到限制？首先，如前所述，相应建设应当进行相应行政规划审批，本身应保证并非违法、违章建筑。其次，因为虽然各个业主对其专有部分享有所有权，但这些专有部分毕竟存在于建筑物整体之中，局部不能脱离整体，更不能危害整体。所以在涉及建筑物区分所有之全体业主共同利益的情形下，建筑物区分所有的业主团体可以决定对于某些业主专有部分所有权进行限制甚至剥夺。如《物权法》第七十一条及《建筑物区分所有权纠纷案件若干问题的解释》第七条的规定，当业主在行使其专有部分所有权时，如果从事了损害房屋承重结构的行为，或者从事了损害或者违章使用电力、燃气、消防设施的行为，或者在建筑物内放置危险、放射性物品等危及建筑物安全或者妨碍建筑物正常使用的行为，以及排放污染物或者噪声、违反规定饲养动物、违章搭建、侵占通道、拒付物业费等行为时，便可以认定其行为有损业主的共同利益，因而管理规约可以就此对业主专有权的行使作出相应的限制性规定，以维护业主的共同利益。

【法律依据】

《物权法》第七十一条(略)

《建筑物区分所有权纠纷案件若干问题的解释》第七条 改变共有部分的用途、利用共有部分从事经营性活动、处分共有部分，以及业主大会依法决定或者管理规约依法确定应由业主共同决定的事项，应当认定为物权法第七十六条第一款第(七)项规定的有关共有和共同管理权利的“其他重大事项”。

44. 物业服务公司对于业主装修负有何种监督职责？是否有权强行收取业主装修押金？

【解答】

首先，应明确物业公司对业主的装修负有一定的监督职责。因为小区居住环境的公共性，业主个人的装修不可避免地与其他业主的物业、小区共有部分及公共设施等产生交集，不当装修甚至会带来很大的安全隐患。而对物业管理区域内共有权部分的共用部位及共用设施设备的日常运行维护是物业管理服务的当然范围，故《物业管理条例》第五十二条规定：业主需要装饰装修房屋的，应当事先告知物业服务企业。物业服务企业应当将房屋装饰装修中的禁止行为和注意事项告知业主。物业公司对业主的装修的监督职责主要体现在，对装修人员在涉及全体业主公共利益部分时的装修行为的监督，如私自拆改移位墙体破坏承重结构等，在业主装修过程中，物业公司一般还会负有对装修期间频繁的人员进出进行管理，装修材料的管理的义务，并应核实登记装修行为的合法性及装修材料是否符合要求；告知业主应注意的事项；

检查装修工程是否按照要求进行施工，有无超越申报内容等。

其次，收取装修押金是物业服务企业在实践中经常使用的监督手段，但并不具有法律强制性。实践中，业主在装修时，物业服务企业往往会要求业主签署装修协议书，由物业服务企业向住户明确告知装修禁止行为与注意事项，并在协议中逐条列出装修管理期间的各种服务内容及双方的权利义务，如装修期限、装修禁止行为。有的物业服务企业为了限制业主装修中的违法行为，会要求业主交纳装修押金或保证金，待装修完毕没有违法装修的，押金予以退还。若出现违法装修或因装修造成物业损害的，物业服务企业可以从押金中扣除赔偿款。但从法律上来说，是否交纳装修押金，完全是业主和物业服务企业之间协商一致的结果，物业服务企业无权强行要求业主必须交纳装修押金。物业服务企业强行要求业主交纳装修押金，业主不交纳装修押金，物业就阻止业主进行装修或者拒不提供装修期间的管理服务的，是侵害业主合法权益的行为。

最后，就业主违规装修的处理方式，法律是赋予了物业服务企业对物业装饰装修和使用等方面的管理权，对违法装修可以制止，并向有关行政管理部门进行报。《物业管理条例》第四十五条规定：对物业管理区域内违反有关治安、环保、物业装饰装修和使用等方面法律、法规规定的行为，物业服务企业应当制止，并及时向有关行政管理部门报告。有关行政管理部门在接到物业服务企业的报告后，应当依法对违法行为予以制止或者依法处理。

【法律依据】

《物权法》第七十一条　业主对其建筑物专有部分享有占有、使用、收益和处分的权利。业主行使权利不得危及建筑物的安全，不得损害其他业主的合法权益。

《物业管理条例》第四十五条(略)

45. 物业服务公司收取业主装修押金拒不退还，业主如何维权？

【解答】

实践中，物业服务企业为了限制业主装修中的违法行为，经协商一致，由业主交纳一定的装修押金或保证金，待装修完毕没有违法装修的，押金予以退还。若出现违法装修或因装修造成物业损害的，物业服务企业可以从押金中扣除赔偿款。依据《民法通则》第五条的规定，公民、法人的合法的民事权益受法律保护，任何组织和个人不得侵犯。在业主的装饰装修工程完成后，如业主没有违反相关法律的管理规定，未对其他业主或小区公共设施造成损害的情况下，装修保证金应当全部退还，若物业服务企业拒不退还装修装修押金，业主可向人民法院提起诉讼。

依法成立的合同，对当事人具有法律约束力。当事人应当按照约定履行自已的义务，不得擅自变更或者解除合同。此处应引起注意的是，物业服务企业和业主之间除了签订《前期物业服务合同》约定物业服务的基本内容之外，为避免纠纷，双方应另行签订了《室内装饰装修管理服务协议》。这样做既可以以书面的形式由物业服务企业向业主告知向装修禁止行为与注意事项，并在协议中逐条列出装修管理期间的各种服务内容及双方的权利义务，如装修期限、装修禁止行为，又可以对装修保证金作出明确约定，待装修完毕没有违法装修的，押金予以退还。若出现违法装修或因装修造成物业损害的，物业服务企业可以从押金中扣除赔偿款。双方签订的《室内装饰装修管理服务协议》是双方当事人协商一致的结果，符合法律的规定，该协议也将会成为解决此类收费纠纷的重要依据之一。

【法律依据】

《民法总则》第五条　民事主体从事民事活动，应当遵循自愿原则，按照自己的意思设立、变更、终止民事法律关系。

《民法总则》第六条　民事主体从事民事活动，应当遵循公平原则，合理确定各方的权利和义务。

《合同法》第八条　依法成立的合同，对当事人具有法律约束力。当事人应当按照约定履行自己的义务，不得擅自变更或者解除合同。

依法成立的合同，受法律保护。

46. 业主装修房屋，物业服务公司是否有权收取装修管理费？

【解答】

首先，应明确物业管理服务费中是否包含了装修管理费。根据《物业管理条例》第二条规定，物业管理服务的内容为：房屋共有部位、共有设施设备管理服务、公共秩序维护、公共环境绿化保洁、物业资料档案管理五个方面。装修管理则是当业主发生装修行为时才进行的管理服务，具有时效性与特定性。其服务内容指物业服务企业因业主装修而增加的管理项目，包括且不限于核实登记装修行为的合法性及装修材料是否符合要求；告知业主应注意的事项；检查装修工程是否按照要求进行施工，有无超越申报内容等。这些具体的服务内容都涉及业主专有权部位的装修施工，随着业主室内装修的完工，装修服务合同也就此结束。基于上述不同，故一般认为物业管理服务费中不包括装修管理服务费。

其次，就是否应当收取装修管理费及收费标准目前并无统一法律规定。我国各省市对于是否可以收取装修管理服务费的规定也不统一。如湖南省、成都市、广州市、绵阳市明确规定物业企业可以向业主收取装饰装修管理服务费，有的还以指导价的方式规定了收费标准，而湖北省、江苏省、深圳市则明确规定不得向业主收取装饰装修管理服务费。建设部第110号令《住宅室内装饰装修管理办法》第十六条规定，装修人或者装修人和装饰装修企业，应当与物业管理单位签订住宅室内装饰装修管理服务协议，并约定管理服务费用。第十七条规定了物业服务企业的管理义务。第四十二条规定，物业管理单位发现装修人或者装饰装修企业有违反本办法规定的行为不及时向有关部门报告的，由房地产行政主管部门给予警告，可处装饰装修管理服务协议约定的装饰装修管理服务费2到3倍的罚款。可见，该办法明确规定物业服务企业可以收取装修管理服务费用，且物业服务企业在承担义务提供服务的同时，享受权利收取费用，符合公平合理、等价有偿的原则。实践中，对于装修管理费的标准，一般倾向于由业主或装饰公司与物业公司之间进行协商确定，以书面协议的方式确定管理费的收费标准及物业公司需要提供的服务内容。

签订装修管理服务协议书，通常是物业公司和装饰公司或业主之间的真实意思表示，若内容不违反法律、行政法规的强制性规定，应属合法有效。双方应按约定全面履行各自的义务，合同中对于管理费的数额、计算方式、物业公司需要提供的服务内容等均作出了明确的约定，当双方产生纠纷时，上述协议即成为解决双方纠纷的重要依据。

实践中，物业服务企业和业主之间除了签订《前期物业服务合同》约定物业服务的基本内容之外，为避免纠纷，双方应另行签订《室内装饰装修管理服务协议》，由物业服务企业向住户明确告知装修禁止行为与注意事项，并在协议中逐条列出装修管理期间的各种服务内容及双方的权利义务，如装修期限、装修禁止行为，装修管理服务费的收取、违约责任等，确保业主对装修管理服务的知情权。并应明确收费标准和收费方法。因为签订《室内装饰装修管理服务协议》是双方当事人协商一致的结果，符合法律的规定，该协议也将会成为解决此类收费纠纷的重要依据之一。

【法律依据】

《合同法》第八条　依法成立的合同，对当事人具有法律约束力。当事人应当按照约定履行自己的义务，不得擅自变更或者解除合同。

依法成立的合同，受法律保护。

47. 物业服务公司不允许业主封闭阳台的约定要受到合法性审查吗？

【解答】

业主对自身物业享有专有权，在不影响公共利益的情况下，可以自由处置自己的物业，但在实践中，往往存在业主自行设计、施工、改造阳台的情况，装修封闭阳台不仅影响物业整体美观，若安装不当还会带来一些安全隐患。故物业公司与业主签订的物业服务合同或业主临时管理规约中，往往会有未经物业公司同意，业主不得私自封闭阳台的条款。若双方均在上述协议上签字，业主即不得私自违反物业管理合同或业主规约封闭阳台。

上述情况属于处理封闭阳台相关纠纷的通常情形，但也有例外，即当不允许封闭阳台的约定并非为业委会经过合法程序通过，且业主统一封闭阳台并未造成对小区公共利益的损害的情况。对于协议中业主不得封闭阳台的条款，如果属于格式条款，对其效力的判定不能一概而论，法院需要根据其合法性、合理性进行审查。

根据我国《合同法》第三十九条第二款的规定，格式条款是当事人为了重复使用而预先拟定，并在订立合同时未与对方协商的条款司法实践中，法院一般需要考察物业公司作出不允许封闭阳台的约定条款是否经过了正当的程序，以及业主擅自封闭阳台是否对小区的公共利益造成了实际的损害，在此基础上判断上述协议的合法性。

在业主与物业公司双方已就不能封闭阳台作出书面约定的情况下，上述约定的合法性仍有法院进行审查的空间。例如：房产开发公司预售商品房时，若没有将业主所在楼盘房屋阳台是否封闭的情况明确告知购房人，购房人根据合同无从判定阳台是否封闭，而沙盘展示效果显示该楼阳台均为封闭式，且合同明确装修标准“封闭阳台：白色塑钢窗”，故购房人有理由相信交付商品房的南侧阳台亦为封闭式，并基于此同房产开发公司签订了购房合同。房产开发公司交付的楼盘阳台均未封闭，购房人不得不接受了这一与其购房期望相悖的事实。业主主张采取补救措施统一封闭阳台解决防盗、防尘等问题，并形成了决议，要求物业管理企业予以实施。但物业公司未接受业主正当合理的请求。在此情况下，业主按照合同约定的装修标准，采用白色塑钢窗统一施工封闭了南侧阳台，对保持小区风貌的统一和房屋的正常使用无明显妨碍，一旦物业公司依据《公约》、《装修细则》、《业主公约》等文件中产权人不得擅自封闭阳台这一旨在制止无序装修行为的条款，拒绝业主的合理请求，不能支持。物业公司本当积极协助业主完备封闭阳台的报批手续，现其以手续不全为由要求业主将封闭阳台恢复原状，于法无据。

进一步讲，业主对阳台享有区分专有权，可以自主使用。物业公司单方面提供的格式文本中关于不得封闭阳台以及封闭阳台要承担相应的违约责任的规定，排除了王某对自家阳台的主要权利应属无效。但此处特别需要注意的是，开发商对阳台封闭作出了明确的承诺，且业主统一进行封闭阳台并未破坏小区的整体美观。

【法律依据】

《民法总则》第七条　民事主体从事民事活动，应当遵循诚信原则，秉持诚实，恪守承诺。

《合同法》第三十九条　采用格式条款订立合同的，提供格式条款的一方应当遵循公平原则确定当事人之间的权利和义务，并采取合理的方式提请对方注意免除或者限制其责任的条款，按照对方的要求，对该条款予以说明。

格式条款是当事人为了重复使用而预先拟定，并在订立合同时未与对方协商的条款。

48. 业主装修擅自拆除承重墙，其他业主及物业公司怎么办？

【解答】

依据《住宅室内装饰装修管理办法》第五条规定，住宅室内装饰装修活动，禁止下列行为：未经原设计单位或者具有相应资质等级的设计单位提出设计方案，变动建筑主体和承重。承重结构是指直接将本身自重与各种外加作用力系统地传递给基础地基的主要结构构件和其连接节点，包括承重墙体、立杆、柱、框架柱、支墩、楼板、梁、屋架、悬索等。业主装修，擅自拆除承重墙违反上述法律规定，属严重的违法行为。承重墙拆除后，将使房屋各部位受力不均或将重心偏移到其他部位，严重时可造成房屋裂缝、塌陷，甚至危及整栋楼的房屋安全，拆除承重墙使相邻方的人身和财产时刻有遭受损害的危险，存有安全隐患。针对上述行为，有何法律救济途径？

首先，具有相邻关系或利害关系的业主，可以损害自己安全居住利益为由向法院提起诉讼。依据《建筑物区分所有权纠纷案件若干问题的解释》第十五条规定，业主或者其他行为人违反法律、法规、国家相关强制性标准、管理规约，或者违反业主大会、业主委员会依法作出的决定，损害房屋承重结构，可以认定为《物权法》第八十三条第二款所称的其他“损害他人合法权益的行为”。同时根据《物权法》第八十三条的规定，业主对侵害自己合法权益的行为，可以依法向人民法院提起诉讼。

其次，物业公司在知晓上述情形后应当及时进行制止，并向有关行政管理部门报告，必要时可以代表其他业主向法院提起诉讼。

《物业管理条例》第五十二条规定，业主需要装饰装修房屋的，应当事先告知物业服务企业。物业服务企业应当将房屋装饰装修中的禁止行为和注意事项告知业主。因为物业服务企业对物业的使用和维护，有专业的知识，对业主装修可以进行指导，其应对装修中的禁止行为和注意事项事前告知业主。第四十五条规定，对物业管理区域内违反有关治安、环保、物业装饰装修和使用等方面法律、法规规定的行为，物业服务企业应当制止，并及时向有关行政管理部门报告，有关行政管理部门在接到物业服务企业的报告后，应当依法对违法行为予以制止或者依法处理同时，法律也赋予了物业服务企业起诉的权利。依据《物业服务纠纷案件若干问题的解释》第四条规定，业主违反物业服务合同或者法律、法规、管理规约，实施妨害物业服务与管理的行为，物业服务企业请求业主承担恢复原状、停止侵害、排除妨害等相应民事责任的，人民法院应予支持。

依照相关物业、建筑管理法规，业主与房地产开发公司、物业公司签订的相关协议，均明确规定和约定业主有维护小区公共权益、公共部位、设施不得擅自拆改承重墙、各种管线和破坏防水层的义务，任何装修均不得影响楼宇的结构安全，因业主个人装饰装修导致共用部位、共用设施设备以及其他业主利益受损的应承担修复及赔偿责任。

当部分业主拆除承重墙危及其他业主安全时，物业公司进行制止既是权利，同时也是义务，如果其怠于履行制止义务的，应当承担不利后果。如未予阻止，物业企业即负有管理不当的责任，当事人由此要求其承担责任应予支持，但物业企业仅承担管理不当部分的责任。依据《住宅室内装饰装修管理办法》第四十二条规定，物业管理单位发现装修人或者装饰装修企业有违反本办法规定的行为不及时向有关部门报告的，由房地产行政主管部门给予警告，可处装饰装修管理服务协议约定的装饰装修管理服务费2到3倍的罚款。第四十三条规定，有关部门的工作人员接到物业管理单位对装修人或者装饰装修企业违法行为的报告后，未及时处理，玩忽职守的，依法给予行政处分

【法律依据】

《住宅室内装饰装修管理办法》第五条、第四十二条、第四十三条(略)

《物业管理条例》第四十五条　对物业管理区域内违反有关治安、环保、物业装饰装修和使用等方面法律、法规规定的行为，物业服务企业应当制止，并及时向有关行政管理部门报告。

有关行政管理部门在接到物业服务企业的报告后，应当依法对违法行为予以制止或者依法处理。

《物业管理条例》第五十二条　业主需要装饰装修房屋的，应当事先告知物业服务企业。

物业服务企业应当将房屋装饰装修中的禁止行为和注意事项告知业主。

《物业服务纠纷案件若干问题的解释》第四条(略)

49. 物业服务公司应当对公共区域养护、维修中的不当行为负责吗?

【解答】

依据《物业管理条例》第三十五条规定，物业服务企业应当

按照物业服务合同的约定，提供相应的服务。物业服务企业未能履行物业服务合同的约定，导致业主人身、财产安全受到损害的，应当依法承担相应的法律责任。另外，依据《物业服务纠纷案件若干问题的解释》第三条规定，物业服务企业不履行或者不完全履行物业服务合同约定的或者法律、法规规定以及相关行业规范确定的维修、养护、管理和维护义务，业主请求物业服务企业承担继续履行、采取补救措施或者赔偿损失等违约责任的，人民法院应予支持。故根据上述法律规定，当物业服务企业在业主进行报修的情况下，无故拖延未及时提供维修、管理服务，导致业主人身、财产安全受到损害的，应当依法承担相应的违约责任。

【法律依据】

《物业管理条例》第三十五条(略)

《物业服务纠纷案件若干问题的解释》第三条(略)

50. 业主违章装修，物业服务公司有权采取罚款或断水断电等惩罚措施吗?

【解答】

首先，应明确物业服务企业行使管理职能的边界，对于超出法律授权范围的强制措施，物业公司是没有权利作出的。物业服务企业的管理职能来源于法律、行政法规的授权。物业服务企业对于业主的装修有监督、管理的责任，依据《物业管理条例》第五十二条规定，业主需要装饰装修房屋的，应当事先告知物业服务企业。物业服务企业应当将房屋装饰装修中的禁止行为和注意事项告知业主，因为物业服务企业对物业的使用和维护，有专业的知识，对业主装修可以进行指导，其应对装修中的禁止行为和注意事项事前告知业主。第四十五条规定，对物业管理区域内违反有关治安环保、物业装饰装修和使用等方面法律、法规规定的行为，物业服务企业应当制止，并及时向有关行政管理部门报告，有关行政管理部门在接到物业服务企业的报告后，应当依法对违法行为予以制止或者依法处理。

同时，法律也赋予了物业服务企业起诉的权利。依据《物业服务纠纷案件若干问题的解释》第四条规定，业主违反物业服务合同或名法律、法规、管理规约，实施妨害物业服务与管理的行为，物业服务企业请求业主承担恢复原状、停止侵害排除妨害等相应民事责任的，人民法院应予支持。对于超出法律授权范围的强制措施，如罚款、停水停电等措施，物业公司是无权作出的。

物业管理区域内，供水、供电等专业经营单位应当向最终用户收取有关费用，物业服务企业接受委托代收前款费用的，不应在相关法律法规授权范围外及受委托权限范围外限制相应专业服务。一般认为对物业管理区域内违反装饰装修和使用等方面法律、法规规定的行为，物业服务企业应当及时告知、劝阻，及时向有关主管部门报告，由有关主管部门对违法行为予以制止或依法处理，作为物业服务企业无权对业主采取断水断电的措施。

【法律依据】

《物业管理条例》第四十五条、第五十二条(略)

51. 相邻业主不当装修造成损失，物业服务公司承担责任吗？

【解答】

首先，物业公司对业主的装修负有一定的监督职责。此问题在前述文章中已经涉及，此处不再赘述，其次，应明确物业服务企业未尽到上述制止义务时的责任，不应将相关责任无限放大。就业主违规装修的处理方式，法律赋予了物业服务企业对物业装饰装修和使用等方面的管理权，对违法装修可以制止，并向有关行政管理部门进行报告。《物业管理条例》第四十五条规定，对物业管理区域内违反有关治安、环保、物业装饰装修和使用等方面法律、法规规定的行为，物业服务企业应当制止，并及时向有关行政管理部门报告。有关行政管理部门在接到物业服务企业的报告后，应当依法对违法行为予以制止或者依法处理。物业公司在未尽到上述监督、管理、制止义务的情况下，是需要承担相应的管理责任的。但相应责任应为管理不当的责任，真正的侵权主体才是损害赔偿责任的真正主体。

【法律依据】

《物业管理条例》第四十五条、第五十二条(略)

52. 相邻业主造成的侵权，物业服务公司负责赔偿吗？

【解答】

在侵权行为中，主要的责任承担人应当是直接作出侵权行为的侵权人还是物业服务公司？物业服务公司在何种情况下需要承担赔偿责任？

首先，侵权行为是指行为人由于过错侵害他人人身权和财产权，依法应当承担民事责任的不法行为，以及以法律规定应当承担民事责任的其他侵害行为。侵权行为具有以下几个特征：一是侵权行为具有违法性；二是行为人主观上有过错；三是侵权行为侵害了他人的合法权益；四是侵权行为应当承担民事责任。一般侵权行为的构成要件主要包括四个：行为的违法性、损害事实的存在、行为与损害后果之间存在因果关系、行为人主观上有过错。在相邻业主侵权的情况下，直接侵权人显然是具有相邻关系的业主，而非物业服务企业，因此依据《侵权责任法》第六条规定，行为人因过错侵害他人民事权益，应当承担侵权责任。

其次，物业服务公司在何种情况下需要承担赔偿责任？这涉及物业服务企业的义务范围问题，只有在物业服务企业未履行相应义务，导致业主损失产生或损失扩大的，对其具有过错导致的相应损失部分承担赔偿责任。

因为相邻业主造成的侵权，物业服务公司是否应当承担赔偿责任以及承担责任的范围和程度如何确定。一般认为，侵权行为应由直接侵权行为人进行赔偿，物业公司在未尽管理职责的范围内承担赔偿责任。

此处，应特别强调物业服务企业义务范围的确定问题。物业服务企业作为物业服务的提供者，其义务范围的认定乃是物业服务合同内容的重点。概括地说，物业服务企业受业主的委托，应当依照合同的约定提供相应的物业服务。根据《物业服务纠纷案件若干问题的解释》第三条第一款的规定："物业服务企业不履行或者不完全履行物业服务合同约定的或者法律、法规规定以及相关行业规范确定的维修、养护、管理和维护义务，业主请求物业服务企业承担继续履行、采取补救措施或者赔偿损失等违约责任的，人民法院应予支持。”因此，就物业服务企业提供服务的内容而言，可高度概括为维修、养护、管理、维护四方面。在物业服务企业未尽上述义务，导致业主损失扩大的情况下，是需要就业主的损失承担一定的赔偿责任的。

【法律依据】

《侵权责任法》第六条　行为人因过错侵害他人民事权益，应当承担侵权责任。

根据法律规定推定行为人有过错，行为人不能证明自己没有过错的，应当承担侵权责任。

《物业服务纠纷案件若干问题的解释》第三条(略)

53. 小区的公共设施侵害部分业主利益，业主是否有权起诉物业公司要求拆除?

【解答】

《物权法》第七十一条规定:“业主对其建筑物专有部分享有占有、使用、收益和处分的权利。”业主作为专有权人的权利，对于自身的物业，所享有的权利具有绝对性、永久性、排他性。当其他业主或物业公司的行为侵犯到上述专有权利时，业主有权要求侵害方承担相应责任，侵害专有所有权的承担责任的方式有要求行为人停止侵害、消除危险、排除妨害、赔偿损失等几种类型。

【法律依据】

《物权法》第七十一条(略)

54. 业主在承重墙上施工凿眼，邻居有权起诉制止吗?

【解答】

业主在承重墙上凿眼，既是对整栋楼公共利益的危害，同时也危害到与其具有相邻关系的业主的居住安全利益。因此，具有相邻关系或利害关系的业主，可以损害自己安全居住利益为由向法院提起诉讼。依据《建筑物区分所有权纠纷案件若干问题的解释》第十五条规定，业主或者其他行为人违反法律、法规、国家相关强制性标准、管理规约，或者违反业主大会、业主委员会依法作出的决定，损害房屋承重结构，可以认定为《物权法》第八十三条第二款所称的其他“损害他人合法权益的行为”。同时根据《物权法》第八十三条的规定，业主对侵害自己合法权益的行为，可以依法向人民法院提起诉讼。

不动产的毗邻各方，应当按照居住安全、方便生活、团结互助、公平合理的精神，正确处理相邻关系，如果给相邻方造成妨碍的，应当排除妨碍。业主对其所有的建筑物专有部分享有占有、使用收益和处分的权利。但考虑到专有部分之间物理上的密切联系和各个区分所有权人密切的相邻关系，法律往往从他们的共同生活关系出发，确立专有的限制。从《物权法》的规定来看，其主要规定了如下限制性规则：

一是专有权的行使不得危及建筑物的安全。考虑到各个区分所有权人的专有部分存在物理上的密切联系，各个专有部分虽然处于不同主体的支配之下，但是，任意行使专有权，则可能危及整个建筑物的安全。《物权法》第七十一条也明确规定，业主行使专有权“不得危及建筑物的安全”这一规定的目的是，限制业主对专有权部分的事实处分，即不得毁坏、灭失专有部分，以免危害整个建筑物的安全结构与全体住户的人身财产安全。

二是专有权的行使不得损害其他业主的合法权益。各个区分所有权人之间形成了较为密切的相邻关系，彼此休戚相关，具有共同利益，所以，区分所有人就专有部分的用益或处分，与其他区分所有人间有较强的相互制约存在。

【法律依据】

《物权法》第八十三条(略)

《建筑物区分所有权纠纷案件若干问题的解释》第十五条 业主或者其他行为人违反法律、法规、国家相关强制性标准、管理规约，或者违反业主大会、业主委员会依法作出的决定，实施下列行为的，可以认定为物权法第八十三条第二款所称的其他“损害他人合法权益的行为”：

(1)损害房屋承重结构，损害或者违章使用电力、燃气、消防设施，在建筑物内放置危险、放射性物品等危及建筑物安全或者妨碍建筑物正常使用；

(2)违反规定破坏、改变建筑物外墙面的形状、颜色等损害建筑物外观；

(3)违反规定进行房屋装饰装修；

(4)违章加建、改建，侵占、挖掘公共通道、道路、场地或者其他共有部分。

55. 业主擅自建设违章建筑，相关行政管理机关应该处罚业主还是物业服务公司?

【解答】

业主私自搭建违章建筑，其本人为违反行政管理法律、法规的直接责任人。依据法律规定，居民新建建筑物的，应当符合相关法律法规的规定，并办理有关的审批手续。

同时，在业主未履行相应的法律审批手续私自搭建违章建筑的情况下，物业公司应当如何作为?有关行政管理机构是否应当处罚物业公司?因为物业公司并非违章建筑的实际行为人，是不应当作为行政相对人被行政管理机关处罚的。但这并不是说物业公司在业主搭建违章建筑时应当无所作为，物业公司在知晓上述情形后应当及时进行制止，并向有关行政管理部门报告，必要时可以代表其他业主向法院提起诉讼。

一般认为，物业公司对违章建筑的私自建设具有监督管理的职责，在物业公司已经认真履行了物业服务合同所约定的各项服务承诺，并且按照物业管理条例的规定，对小区违章建筑行为履行了告知劝阻向政府主管部门举报程序的情况下，就应当视为已经完成了法定义务。一般认为，物业公司已经协助政府主管部门对违章建筑行为进行了现场查处，物业公司作为企业法人不能采取违法野蛮强制手段制止违章建筑行为，应由政府主管部门履行法定义务，行使行政执法权。

【法律依据】

《物业管理条例》第四十五条(略)

56. 小区某栋楼的顶楼漏雨，楼顶维修费是顶楼业主自己支付还是本楼业主均摊？

【解答】

此处应明确两个问题：其一，楼顶的产权属性，即其属于建筑物区分所有权中共用部分还是顶楼业主的专用部分？其二，对于公共部分的维修，维修费用如何支付？

首先，就楼顶的产权属性，《建筑物区分所有权纠纷案件具体应用法律若干问题的解释》第三条规定，建筑物的基础、承重结构、外墙、屋顶等基本结构部分，通道、楼梯、大堂等公共通行部分，消防、公共照明等附属设施、设备，避难层、设备层或者设备间等结构部分应当认定为公用部分，由此可见，楼顶是属于整栋楼业主所共用的住宅共用部位。

其次，公用部位的维修费用如何负担。因为楼顶维修属于该楼业主共同受益的行为，故相应的费用应当由本楼业主进行均摊。具体可从专项维修资金中予以支取。

当事人应当按照约定全面履行自己的义务。物业服务企业应当按照物业服务合同的约定，提供相应的服务。物业服务企业未能完善履行物业服务合同的约定，导致业主财产安全受到损害的，应当依法承担相应的法律责任。

【法律依据】

《建筑物区分所有权纠纷案件若干问题的解释》第三条

（略）

57. 小区物业服务公司保安打伤访客，物业服务公司承担责任吗？

【解答】

保安人员负责小区日常的安全保障工作，实践中小区保安人员一般有两类，这两类保安人员在履行职务的过程中如造成他人损害的，承担损害后果的责任主体有所区别：

第一类，物业公司与保安公司签订合同，将小区内的安全保障工作委托给保安公司，保安人员与保安公司之间具有劳动合同关系，由保安公司直接调配、定岗、管理、支付薪酬。根据《侵权责任法》第三十四条第一款的规定："用人单位的工作人员因执行工作任务造成他人损害的，由用人单位承担侵权责任。"故当物业公司将安保工作直接委托保安公司的情形下，保安人员在履行职务过程中造成他人损害的，承担损害后果的责任主体应是保安公司。

第二类，物业公司作为接受劳务派遣的用工单位外聘保安人员。根据《侵权责任法》第三十四条第二款的规定："劳务派遣期间，被派遣的工作人员因执行工作任务造成他人损害的，由接受劳务派遣的用工单位承担侵权责任；劳务派遣单位有过错的，承担相应的补充责任。"此种情形下，虽然外聘保安人员与物业公司之间不具有劳动合同关系，但是物业公司作为接受劳务派遣的实际用工单位，应当向被派遣的保安人员支付薪酬，并且在保安人员履行职务致人损害时，物业公司应当承担相应的侵权责任。

一般情况下，若物业公司已经将小区内的安全保障工作委托给安保公司，物业公司不是侵权行为的责任主体，不应对保安伤人的行为承担赔偿责任。其次，安保公司与其雇用的保安人员有直接的劳动关系，该小区的保安人员系安保公司的职员，而小区保安人员与业主在小区内因履行职责产生矛盾发生互殴，应当认定系小区保安人员履行职务的行为，根据侵权责任法的规定，保安人员在履行职务中的侵权行为致人损害的应当由安保公司承担责任。

【法律依据】

《侵权责任法》第二条　侵害民事权益，应当依照本法承担侵权责任。

《侵权责任法》第三条　被侵权人有权请求侵权人承担侵权责任。

《侵权责任法》第十六条　侵害他人造成人身损害的，应当赔偿医疗费、护理费、交通费等为治疗和康复支出的合理费用，以及因误工减少的收入。造成残疾的，还应当赔偿残疾生活辅助具费和残疾赔偿金。造成死亡的，还应当赔偿丧葬费和死亡赔偿金。

《侵权责任法》第二十二条　侵害他人人身权益，造成他人严重精神损害的，被侵权人可以请求精神损害赔偿。

《侵权责任法》第二十六条　被侵权人对损害的发生也有过错的，可以减轻侵权人的责任。

《侵权责任法》第三十四条　用人单位的工作人员因执行工作任务造成他人损害的，由用人单位承担侵权责任。

58. 开发商在房产项目未验收的情形下交付业主装修，业主装修时坠楼身亡，开发商和物业服务公司是否承担赔偿责任？

【解答】

首先，根据《城市房地产管理法》的规定，房地产开发项目竣工，经验收合格后，方可交付使用。如果开发商在尚未取得竣工验收手续的情况下将房屋交付业主进行装修，开发商存在过错。

其次，如果物业公司在明知房屋并未取得验收备案的情况下即接收该物业，并允许小区业主进行装修，存在很大的安全隐患，物业公司亦存在过错。

因此，当业主在自身无过错的情况下进行未竣工验收的房屋中进行装修受到人身损害时，开发商如无法证明其投入使用的房屋设施设备符合安全使用标准，物业公司如无法证明其物业管理运行良好无过错的情况下，开发商和物业公司均应承担相应的侵权责任。具体侵权责任的承担比例，可参照《侵权责任法》第六条、第十二条的规定，行为人因过错侵害他人民事权益，应当承担侵权责任。二人以上分别实施侵权行为造成同一损害，能够确定责任大小的，各自承担相应的责任；难以确定责任大小的，平均承担赔偿责任。

【法律依据】

《侵权责任法》第六条第一款　行为人因过错侵害他人民事权益，应当承担侵权责任。

《侵权责任法》第十二条　二人以上分别实施侵权行为造成

同一损害，能够确定责任大小的，各自承担相应的责任；难以确定责任大小的，平均承担赔偿责任。

《城市房地产管理法》第二十七条　房地产开发项目的设计、施工，必须符合国家的有关标准和规范。房地产开发项目竣工，经验收合格后，方可交付使用。

《人身损害赔偿案件若干问题的解释》第二十七条　丧葬费按照受诉法院所在地上一年度职工月平均工资标准，以六个月总额计算。

《人身损害赔偿案件若干问题的解释》第二十九条　死亡赔偿金按照受诉法院所在地上一年度城镇居民人均可支配收入或者农村居民人均纯收入标准，按二十年计算。但六十周岁以上的，年龄每增加一岁减少一年；七十五周岁以上的，按五年计算。

59. 物业公司对于业主违反协议约定的哪些行为有权提起诉讼？

【解答】

《物业服务纠纷案件若干问题的解释》第四条规定："业主违反物业服务合同或者法律、法规、管理规约，实施妨害物业服务与管理的行为，物业服务企业请求业主承担恢复原状、停止侵害、排除妨害等相应民事责任的，人民法院应予支持。"故业主违反法律规定，擅自建造违章建筑，物业服务企业有权提起诉讼。那么，上述"实施妨害物业服务与管理的行为"的范围如何确定？

一般认为，上述范围的确定，需要与《建筑物区分所有权纠纷案件若干问题的解释》结合起来看，该解释第十四条规定:“建设单位或者其他行为人擅自占用、处分业主共有部分、改变其使用功能或者进行经营性活动，权利人请求排除妨害、恢复原状、确认处分行为无效或者赔偿损失的，人民法院应予支持。”这里所说的“权利人”，应该不仅指业主，也包括物业服务企业。这里所说的“擅自占用、处分业主共有部分、改变其使用功能或者进行经营性活动”的行为，正是《解释》第四条所说的“违反物业服务合同或者法律、法规、管理规约，实施妨害物业服务与管理的行为”的一部分。两部司法解释结合起来看，《解释》第四条赋予了物业服务企业原告的资格，而《建筑物区分所有权纠纷解释》则对“妨害物业管理与服务的行为”作出了实体性规定。除了《建筑物区分所有权纠纷解释》第十四条关于侵害共有部分的行为之外，第十五条关于违章搭建的行为，也属于物业服务企业依照《解释》第四条可以起诉的事项。

物业服务企业代位诉讼的基础既然是“全体业主将维护物业服务区域秩序的管理权交给物业服务企业”，那么对“业主违反物业服务合同或者法律、法规、管理规约，实施妨害物业服务与管理的行为”适时提起诉讼，就既是物业服务企业的权利，也是它的义务。

【法律依据】

《建筑物区分所有权纠纷案件若干问题的解释》第十四条(略)

《物业服务纠纷案件若干问题的解释》第四条(略)

60. 物业服务公司要对触电受伤的业主负赔偿责任吗？

【解答】

物业服务公司其对小区内的房屋附属设施如配电箱等具有所有权及管权，保障各项附属设施符合国家安全标准，妥善管理并进行日常维护是其应尽的义务当物业服务公司对小区内的附属设施未尽安全维护职责，因小区附属设施不符合安全标准而导致业主伤亡的，根据《民法通则》及《侵权责任法》的相关规定，物业服务公司应对其过错承担相应的赔偿责任。此外，根据人身损害赔偿解释的规定，如受害业主自身对损害的发生或扩大有故意、重大过失的，可以减轻物业服务公司的赔偿责任。

【法律依据】

《侵权责任法》第十六条　侵害他人造成人身损害的，应当赔偿医疗费、护理费、交通费等为治疗和康复支出的合理费用，以及因误工减少的收入。造成残疾的，还应当赔偿残疾生活辅助具费和残疾赔偿金。造成死亡的，还应当赔偿丧葬费和死亡赔偿金。

《人身损害赔偿案件若干问题的解释》第二条　受害人对同一损害的发生或者扩大有故意、过失的，依照民法通则第一百三十一条的规定，可以减轻或者免除赔偿义务人的赔偿责任。但侵权人因故意或者重大过失致人损害，受害人只有一般过失的，不减轻赔偿义务人的赔偿责任。

61. 电梯发生事故，物业服务公司对自己的过错有举证责任吗？

【解答】

电梯是高层建筑中关乎业主人身安全的重要设施，物业公司作为小区的安全保障义务人，对电梯的安全运行和管理负有不容推卸的责任。当电梯在运行中发生事故时，法律将举证责任分配于物业公司一方。《侵权责任法》第八十五条规定："建筑物、构筑物或者其他设施及其搁置物、悬挂物发生脱落、坠落造成他人损害，所有人、管理人或者使用人不能证明自己没有过错的，应当承担侵权责任。"故当电梯事故致人损害时，物业公司应当举证证明自己已对电梯的安全运行尽到了管理和维护义务，若物业公司不能证明自己无过错又无其他过错人的情况下，则物业公司应对电梯致人损害承担赔偿责任。

小区的电梯中通常设置摄像装置，监控录像一般是电梯事故中的重要证据。根据《民事诉讼证据的若干规定》，没有正当理由，持有证据的当事人拒不提供证据，可推定其有过错。当物业服务公司拒绝提供客观存在的电梯监控录像，亦无证据证明其自身无过错的情况下，可推定为监控录像的内容对物业公司不利，据此推定物业公司存在过错。

特别提示：对于突发的物业共用设备设施所致损害的业主，应及时保存相关证据。物业服务公司应对物业共用设备设施进行定期检查，发现问题及时修理维护，对于怠于管理致使公用设施发生事故致人损害的，物业服务公司应承担赔偿责任，但如能提供证据证明已履行物业管理义务情况的除外。

【法律依据】

《人身损害赔偿案件若干问题的解释》第六条　从事住宿、餐饮、娱乐等经营活动或者其他社会活动的自然人、法人、其他组织，未尽合理限度范围内的安全保障义务致使他人遭受人身损害，赔偿权利人请求其承担相应赔偿责任的，人民法院应予支持。

因第三人侵权导致损害结果发生的，由实施侵权行为的第三人承担赔偿责任。安全保障义务人有过错的，应当在其能够防止或者制止损害的范围内承担相应的补充赔偿责任。安全保障义务人承担责任后，可以向第三人追偿。赔偿权利人起诉安全保障义务人的，应当将第三人作为共同被告，但第三人不能确定的除外。

《侵权责任法》第八十五条　建筑物、构筑物或者其他设施及其搁置物、悬挂物发生脱落、坠落造成他人损害，所有人、管理人或者使用人不能证明自己没有过错的，应当承担侵权责任。所有人、管理人或者使用人赔偿后，有其他责任人的，有权向其他责任人追偿。

62. 业主入住后房屋受损，物业服务公司和开发商在各自职责范围内负责吗？

【解答】

房屋作为一种特殊的“商品”，在交付业主时，一些隐性的瑕疵或质量问题可能难以即时发现。当业主实际入住一定期间后发现房屋受损，业主通常将物业服务公司和开发商列为共同被告诉至法院。实际上，此三方所涉法律关系有两个：(1)业主与房地产开发公司之间的房屋买卖合同关系；(2)业主与物业服务公司之间的物业服务合同关系。房地产开发公司对其所出售的房屋承担质量瑕疵担保责任，物业服务公司对其所管理小区内的房屋负有日常管理、维护、维修责任，当业主入住后发现房屋受损，物业服务公司和开发商应在其各自的职责范围内担责。

房地产开发公司及物业服务公司对房屋出现的问题承担责任，应分别予以处理：(1)房屋质量问题，应由开发商担责。(2)房屋维修养护问题，应由物业公司担责。

【法律依据】

《合同法》第六十条第一款　当事人应当按照约定全面履行自己的义务。

《合同法》第一百零七条　当事人一方不履行合同义务或者履行合同义务不符合约定的，应当承担继续履行、采取补救措施或者赔偿损失等违约责任。

《合同法》第一百一十一条　质量不符合约定的，应当按照当事人的约定承担违约责任。对违约责任没有约定或者约定不明确，依照本法第六十一条的规定仍不能确定的，受损害方根据标的的性质以及损失的大小，可以合理选择要求对方承担修理、更换、重作、退货、减少价款或者报酬等违约责任。

《合同法》第六十二条第一项　当事人就有关合同内容约定不明确，依照本法第六十一条的规定仍不能确定的，适用下列规定：

(1)质量要求不明确的，按照国家标准、行业标准履行；没有国家标准、行业标准的，按照通常标准或者符合合同目的的特定标准履行。

《合同法》第一百一十三条　当事人一方不履行合同义务或者履行合同义务不符合约定，给对方造成损失的，损失赔偿额应当相当于因违约所造成的损失，包括合同履行后可以获得的利益，但不得超过违反合同一方订立合同时预见到或者应当预见到的因违反合同可能造成的损失。

经营者对消费者提供商品或者服务有欺诈行为的，依照《中华人民共和国消费者权益保护法》的规定承担损害赔偿责任。

《合同法》第一百一十四条　当事人可以约定一方违约时应当根据违约情况向对方支付一定数额的违约金，也可以约定因违约产生的损失赔偿额的计算方法。

63. 小区健身器材致人损害，物业服务公司主张已经设立安全警示牌，可以免责吗？

【解答】

许多小区都设置各式各样的室外健身器材，这些设施为居民开展健身运动提供了不少便利。然而，部分户外健身器材超出使用年限仍在使用，有的健身器材遭人破坏，这给锻炼者带来了很大的安全隐患。还有的户外健身器材没有出厂编号、安装日期和生产日期，这更让市民用着不放心。根据《公共文化体育设施条例》第25条的相关规定，公共健身器材的管理单位应配备安全保护设施、人员，保证公共文化体育设施完好的同时，物业服务公司应对位于其管理范围内的公共健身器材承担相应的维修养护义务，以切实保障公众安全。所以，公共健身器材致人损害应当分情况对待。

首先，应当明确致人损害的器材的安全监督管理权责关系，小区内的健身器材，无疑应由物业部门承担管理职能，如是位于公共开放性场所(街心公园)的器材，所有者和管理者(体育局等其他公共职能部门)同样应当履行器材的日常维修养护和对超期服役的健身器材进行更换的职责。

其次，如果因为健身器材本身的质量问题导致问题发生，那么器材的生产者或销售商也同样应当承担相应的损害赔偿责任。

最后，因健身器材是免费且面向社会公众开放使用的，健身器材的使用人员也应正确使用健身器材，以最大限度地避免损害的发生，如健身器材活动区域已经设置了安全警示牌或使用说明牌，却由于行为人自身未按照安全提示进行健身操作而导致损害的，那么行为人应自行承担相应的责任。

【法律依据】

《侵权责任法》第三十七条　宾馆、商场、银行、车站、娱乐场所等公共场所的管理人或者群众性活动的组织者，未尽到安全保障义务，造成他人损害的，应当承担侵权责任。

因第三人的行为造成他人损害的，由第三人承担侵权责任；管理人或者组织者未尽到安全保障义务的，承担相应的补充责任。

《物业管理条例》第五十五条　物业存在安全隐患，危及公共利益及他人合法权益时，责任人应当及时维修养护，有关业主应当给予配合。

责任人不履行维修养护义务的，经业主大会同意，可以由物业服务企业维修养护，费用由责任人承担。

《公共文化体育设施条例》第二十五条(略)

64. 物业服务公司因对小区内的公用设施疏于管理而给业主造成使用不便或损害的，该如何处理？

【解答】

根据《物业管理条例》第二条的规定，物业管理是指业主通过选聘物业服务公司，由业主和物业服务公司按照物业服务合同的约定，对房屋及配套的设施设备和相关场地进行维修、养护、管理，维护物业管理区域内的环境卫生和相关秩序的活动。物业服务公司提供服务的事项及内容，主要是依据物业服务合同的约定，一般主要包含以下几项：(1)房屋建筑主体的管理及住宅装修的日常监督；(2)房屋设备、设施的管理；(3)环境卫生的管理；(4)绿化养护管理；(5)配合公安和消防部门做好住宅区内公共秩序维护和安全防范工作；(6)车辆道路管理与服务；(7)公共休闲、娱乐场所及设施的维护管理；(8)其他约定的服务。《物业管理条例》第三十五条规定，物业服务公司应当按照物业服务合同的约定，提供相应的服务。物业服务公司未能履行物业服务合同的约定，导致业主人身、财产安全受到损害的，应当依法承担相应的法律责任。该条例明确规定了物业服务公司在进行物业服务过程中如存在违约行为，给业主造成损害时，应承担违约赔偿责任。《物业服务纠纷案件若干问题的解释》第三条规定，物业服务公司不履行或者不完全履行物业服务合同约定的或者法律、法规规定以及相关行业规范确定的维修、养护、管理和维护义务，业主请求物业服务公司承担继续履行、采取补救措施或者赔偿损失等违约责任的，人民法院应予支持。

物业管理区域的共用设施，属于物业管理服务范围。物业服务公司应对该公共设施进行定期的检查、维修。因此，业主可以就赔偿问题与物业服务公司先行协商；若业主与物业服务公司就损害赔偿事宜，无法协商一致的，可以向人民调解委员会申请调解或向人民法院提起诉讼，维护合法权益。物业管理服务涉及整个物业管理区域的所有共用场地和设施，物业服务公司在管理服务中存在过错未尽义务，导致业主人身、财产安全受到损害的，应当依法承担相应的法律责任。

【法律依据】

《物业管理条例》第二条、第三十五条(略)

《物业服务纠纷案件若干问题的解释》第三条(略)

65. 业主在小区公共区域堆放的建筑垃圾伤人，物业公司应当承担责任吗？

【解答】

建筑垃圾长期堆放于小区的公共部位，势必造成小区业主通行的不便，形成安全隐患。如果能够确定建筑垃圾所有人的，所有人应当及时对建筑垃圾进行清理，由于垃圾堆放给他人造成损失的，所有人应当承担相应的法律责任；如果不能够确定建筑垃圾所有人的，物业公司作为小区公共区域的管理人应当承担相应的法律责任。

小区的共用区域属于业主共有，当部分业主擅自占用共用区域侵害了其他业主的合法权益时，首先，权益受侵害的业主可以根据《物业管理条例》第四十五条向物业服务公司、相关行政主管部门进行投诉，要求查处；物业服务公司作为物业管理服务单位亦应对部分业主的侵权行为及时制止，并向相关行政部门报告，要求进行查处。其次，业主委员会作为业主自治组织，可以对部分业主损害他人合法权益的行为，要求其停止侵害、消除危险、排除妨害、赔偿损失；最后，业主对侵害自己合法权益的行为，也可以根据《物权法》第八十三条的规定直接向人民法院提起诉讼，维护自己的合法权益。

物业管理区域内根据方便生产、生活需求所必需的规划建设的公共建筑和共用设施，在规划设计建造时，均有特殊的用途，不得随意改变。不动产的相邻各方，应当按照有利生产、方便生活、团结互助、公平合理的精神，正确处理通行、采光等相邻关系。对于他人对不动产的使用，应保持合理容忍的态度。楼道属于业主共有，任何人不得随意占用，否则就侵害了其他业主的合法利益，应予及时地排除妨碍、恢复原状。若能够确定公共走廊堆放物品的实际所有人，故承担责任的主体为直接侵权人，物业公司因不具有过错及因果关系而不承担责任。

【法律依据】

《物业管理条例》第四十五条(略)

《物权法》第八十三条　业主应当遵守法律、法规以及管理规约。

业主大会和业主委员会，对任意弃置垃圾、排放污染物或者噪声、违反规定饲养动物、违章搭建、侵占通道、拒付物业费等损害他人合法权益的行为，有权依照法律、法规以及管理规约，要求行为人停止侵害、消除危险、排除妨害、赔偿损失。业主对侵害自己合法权益的行为，可以依法向人民法院提起诉讼。

《建筑物区分所有权纠纷案件若干问题的解释》第三条（略）

66. 设路障、未采取防护措施导致进入小区的非小区居民受伤，物业服务公司承担责任吗？

【解答】

物业公司与非小区居民之间虽然不具有物业服务合同关系，但不等同于物业公司对非小区居民在小区内所受的伤害完全免责。《侵权责任法》第八十九条规定："在公共道路上堆放、倾倒、遗撒妨碍通行的物品造成他人损害的，有关单位或者个人应当承担侵权责任。"诸多住宅小区并非封闭的区域，小区居民和非小区居民实际上均可自由出入小区，故在小区内可供行人自由通行的公共道路上设置路障或其他妨碍通行的物品，又未采取显著警示标志而致人损害的，物业公司作为路障或致害物品的所有人、管理人，均应对由此产生损害的受害人承担相应的责任。

【法律依据】

《侵权责任法》第八十九条　在公共道路上堆放、倾倒、遗撒妨碍通行的物品造成他人损害的，有关单位或者个人应当承担侵权责任。

67. 业主突发急病，却遇电梯停运，物业服务公司应当负责吗？

【解答】

物业公司是小区电梯的管理人，当电梯发生故障时应及时予以维修，保证电梯的正常运行。因电梯故障所导致的业主人身或财产损害，只有在符合法律规定的侵权行为构成要件时，物业公司才应对此承担相应的赔偿责任。法定一般侵权行为的构成要件包括四个方面：第一，侵权行为，侵权人实施了侵权行为，违反了法定义务。侵权行为包括作为和不作为两种形式，如因物业公司的不当行为造成电梯损坏而致人损害的情形，或者因物业公司未及时维修电梯产生故障而导致业主伤亡的情形等。第二，过错，侵权人必须在行侵权行为时具有主观上的过错，过错分为故意和过失两种形式。故意是指行为人明知自己的行为会发生侵害他人权益的结果，并且希望或者放任这种结果发生的主观状态。过失是指行为人应当预见自己的行为可能发生侵害他人权益的结果，但却因为疏忽大意而没有预见，或者已经预见而轻信能够避免的主观状态。物业公司在故意的主观过错下所应承担的赔偿责任一般重于过失。第三，损害事实，损害事实是指他人财产或者人身权益所遭受的不利影响。当侵权行为和主观过错并存的情况下，业主必须同时证明物业公司的侵权行为使得自己遭受了客观的损害后果，方可主张相应的损害赔偿。第四，因果关系，因果关系是指侵权行为与损害事实之间具有的引起与被引起的关系。业主还须证明系物业公司的侵权行为与业主的损害后果之间具有因果关系。

法律规定的侵权行为四要件是法院认定侵权人承担侵权责任缺一不可的必备要件。若业主提供的证据无法证明物业公司与其身体损害之间具有法律上的因果关系，物业公司行为则不符合法定侵权四要件的构成。

【法律依据】

《民事诉讼法》第六十四条　当事人对自己提出的主张，有责任提供证据。

当事人及其诉讼代理人因客观原因不能自行收集的证据，或者人民法院认为审理案件需要的证据，人民法院应当调查收集。

人民法院应当按照法定程序，全面地、客观地审查核实证据。

《民事诉讼证据的若干规定》第二条 当事人对自己提出的诉讼请求所依据的事实或者反驳对方诉讼请求所依据的事实有责任提供证据加以证明。

没有证据或者证据不足以证明当事人的事实主张的，由负有举证责任的当事人承担不利后果。

68. 小区内违禁燃放烟火爆竹引发火灾致人损害，物业服务公司应当承担责任吗？

【解答】

为避免引发火灾、爆炸等意外事故，我国各地一般严禁在住宅小区内燃放烟火爆竹，诸多物业公司也于春节等传统节日前在小区内张贴“禁止燃放烟火爆竹”的公告。实践中，行为人在住宅小区内违禁燃放烟火爆竹致人损害时，侵权责任的承担存在以下情形：第一，能够确定违禁燃放侵权人的，由侵权行为人直接对受害人承担责任；第二，物业公司作为安全保障义务人发现行为人违禁燃放时，首先应当及时予以制止，控制事态的发展，防止安全隐患蔓延成意外事故；第三，如果物业公司在履行安全保障义务时存在主观过错，物业公司对受害人承担其过错范围内相应的补充赔偿责任，承担补充责任后物业公司可以向直接侵权人进行追偿；第四，当不能确定直接实施侵权行为人，物业公司在履行安全保障义务时又存在主观过错的情形下，则物业公司直接对受害人承担责任，物业公司承担责任后，若能够明确侵权人，物业公司亦可以向直接侵权人进行追偿。

物业公司承担责任的前提是其作为安全保障义务人，未能采取有效措施及时监管及制止在住宅小区内燃放烟花爆竹的违禁行为。《侵权责任法》第三十七条规定：“宾馆、商场、银行、车站、娱乐场所等公共场所的管理人或群众性活动的组织者，未尽到安全保障义务的，造成他人损害的，应当承担侵权责任。”

同时，法律赋予了物业公司承担连带责任后对直接侵权人的追偿权。《人身损害赔偿解释》第六条规定：“因第三人侵权导致损害结果发生的，由实施侵权行为的第三人承担赔偿责任。安全保障义务人有过错的，应当在其能够防止或者制止损害的范围内承担相应的补充赔偿责任。安全保障义务人承担责任后，可以向第三人追偿。赔偿权利人起诉安全保障义务人的，应当将第三人作为共同被告，但第三人不能确定的除外。”如物业公司向受害人承担赔偿责任之后，还可以向直接责任人进行追偿。

【法律依据】

《侵权责任法》第三十七条(略)

《人身损害赔偿案件若干问题的解释》第六条(略)

69. 物业服务公司的保安人员让社会人员进入物业服务区，发生人身损害，物业服务公司是否承担责任？

【解答】

《物业管理条例》第四十六条规定：“物业服务公司应当协助

做好物业管理区域内的安全防范工作。发生安全事故时，物业服务公司在采取应急措施的同时，应当及时向有关行政管理部门报告，协助做好救助工作。”《物业管理条例》第三十五条规定：“物业服务公司应当按照物业服务合同的约定，提供相应的服务。物业服务公司未能履行物业服务合同的约定，导致业主人身、财产安全受到损害的，应当依法承担相应的法律责任。”《物业服务纠纷案件若干问题的解释》第三条规定：“物业服务公司不履行或者不完全履行物业服务合同约定的或者法律法规规定以及相关行业规范确定的维修养护、管理和维护义务，业主请求物业服务公司承担继续履行、采取补救措施或者赔偿损失等违约责任的，人民法院应予支持。”

从上述规定可以看出，法律上要求物业服务公司要承担物业管理区域内的安全防范工作，但并不能由此推出，只要物业管理区域内出现人身等安全事故物业服务公司就必须承担法律责任。对了物业管理区域发生盗窃、人身伤害等事件，物业服务公司的责任承担不能一概而论，要结合损害发生的原因与物业公司是否有过错等情况具体分析

首先，物业服务公司提供服务的主要依据是物业服务合同。业主和物业服务公司之间通常是委托合同关系，物业公司对小区的服务与管理主要根据物业服务合同的约定。如果物业服务合同中约定了安全防范事项，物业公司因未尽职履行义务而给业主造成人身损害的，物业公司应当对此承担相应的赔偿责任。

其次，如果业主与物业公司未约定安全防范事项，物业公司也并非完全免责。物业管理公司对于与其管理特定场所内人员活动负有合理限度范围内的安全保障义务。若在小区内发生的伤害案件，是因为物业公司未尽到一般的管理义务，或物业公司在客观上有条件制止

伤害发生的情形下未予制止，则物业公司应在侵权人直接承担侵权责任的同时，根据其自身过错程度承担补充赔偿责任。

例如：双方的物业服务合同中明确约定，“对进入物业管理区域的人员需要进行登记，小区实行二十四小时巡视察看”等内容的，而在物业管理服务区内发生了人身伤害事件，物业没有按照物业服务合同要求履行登记、巡视察看义务的，物业服务公司的行为就存在过错与瑕疵，对此则应当承担相应的法律责任。

【法律依据】

《物业管理条例》第三十五条、第四十六条(略)

《物业服务纠纷案件若干问题的解释》第三条(略)

《人身损害赔偿案件若干问题的解释》第六条　从事住宿、餐饮、娱乐等经营活动或者其他社会活动的自然人、法人、其他组织，未尽合理限度范围内的安全保障义务致使他人遭受人身损害，赔偿权利人请求其承担相应赔偿责任的，人民法院应予支持。

因第三人侵权导致损害结果发生的，由实施侵权行为的第三人承担赔偿责任。安全保障义务人有过错的，应当在其能够防止或者制止损害的范围内承担相应的补充赔偿责任。安全保障义务人承担责任后，可以向第三人追偿。赔偿权利人起诉安全保障义务人的，应当将第三人作为共同被告，但第三人不能确定的除外。

70. 儿童攀爬小区草坪钢筋护栏受伤，物业服务公司和监护人各自承担责任吗？

【解答】

儿童在小区公共场所或使用公共设施时受伤，物业公司是否应当承担责任，要从物业公司的过错程度、受害人自身原因、监护人是否尽到监护责任三个方面进行考量：(1)如果设施本身存在安全隐患，则物业公司应该承担责任；(2)如果儿童在玩耍时，因自身操作不当等个人原因，且公共设施没有任何质量问题的情况下，则物业公司不需要承担责任；(3)如果因监护人未对儿童尽到监护义务，则监护人也应当承担相应的责任。

物业公司应当对有安全隐患的游乐设施进行修缮，加设安全措施，或者设立安全告示牌，并注明哪些设施须在大人陪同下操作使用。

公民的生命权、健康权受法律的保护。父母作为未成年儿童的法定监护人，对儿童未成年期间的生命安全、身体健康负有监护责任，应当谨慎履行其监护义务和责任。

【法律依据】

《精神损害赔偿若干问题的解释》第八条　因侵权致人精神损害，但未造成严重后果，受害人请求赔偿精神损害的，一般不予支持，人民法院可以根据情形判令侵权人停止侵害、恢复名誉、消除影响、赔礼道歉。

因侵权致人精神损害，造成严重后果的，人民法院除判令侵权人承担停止侵害、恢复名誉、消除影响、赔礼道歉等民事责任外，可以根据受害人一方的请求判令其赔偿相应的精神损害抚慰金。

《人身损害赔偿案件若干问题的解释》第十七条　受害人遭受人身损害，因就医治疗支出的各项费用以及因误工减少的收入，包括医疗费、误工费、护理费、交通费、住宿费、住院伙食补助费、必要的营养费，赔偿义务人应当予以赔偿。

受害人因伤致残的，其因增加生活上需要所支出的必要费用以及因丧失劳动能力导致的收入损失，包括残疾赔偿金、残疾辅助器具费、被扶养人生活费，以及因康复护理、继续治疗实际发生的必要的康复费、护理费、后续治疗费，赔偿义务人也应当予以赔偿。

受害人死亡的，赔偿义务人除应当根据抢救治疗情况赔偿本条第一款规定的相关费用外，还应当赔偿丧葬费、被扶养人生活费、死亡补偿费以及受害人亲属办理丧葬事宜支出的交通费、住宿费和误工损失等其他合理费用。

《人身损害赔偿案件若干问题的解释》第二十七条　丧葬费按照受诉法院所在地上一年度职工月平均工资标准，以六个月总额计算。

《人身损害赔偿案件若干问题的解释》第二十九条　死亡赔偿金按照受诉法院所在地上一年度城镇居民人均可支配收入或者农村居民人均纯收入标准，按二十年计算。但六十周岁以上的，年龄每增加一岁减少一年；七十五周岁以上的，按五年计算。

71. 业主私搭乱建，物业服务公司起诉影响小区美观要求其拆除能获得支持吗？

【解答】

违章搭建是物业管理中常遇到的纠纷之一，随着物权法的实施，违章搭建纠纷有所增多。违章搭建是指业主在没有经过相关部门规划批准，而自行对建筑物改造或搭建的行为。违章搭建不仅违反了法律的规定，破坏了建筑物区域的整体环境，而且往往会侵犯其他业主的合法权益。一些业主认为，自己花钱购买了房屋，依法享有所有权。自己可以根据需要对建筑进行随意修建，其他人无权干涉。其实这种观点是对物权法中关于所有权的片面理解。《物权法》第七十一条规定：“业主对其建筑物专有部分享有占有、使用、收益和处分的权利。业主行使权利不得危及建筑物的安全，不得损害其他业主的合法权益。”也就是说，业主在对自己的物业行使权利时，不能为所欲为。根据《物业管理条例》第七条规定：“遵守物业管理区域内物业共用部位和共用设施设备的使用、公共秩序和环境卫生的维护等方面的规章制度。”《物业管理条例》第四十五条规定：“对物业管理区域内违反有关治安、环保、物业装饰装修和使用等方面法律、法规规定的行为，物业管理企业应当制止，并及时向有关行政管理部门报告。有关行政管理部门在接到物业管理企业的报告后，应当依法对违法行为予以制止或者依法处理。”第五十二条规定：“业主需要装饰装修房屋的，应当事先告知物业服务企业。”物业服务企业应当将房屋装饰装修中的禁止行为和注意事项告知业主。从上述规定可以看出，物业服务公司对于业主没有遵守物业管理法规、业主规约的装修及违章搭建行为有权予以制止，并可以向相关行政部门报告。但物业服务公司是否有权对小区内违章搭建业主直接提起诉讼呢？根据《物业服务纠纷案件若干问题的解释》第四条的规定：“业主违反物业服务合同或者法律、法规、管理规约，实施妨害物业服务与管理的行为，物业服务公司请求业主承担恢复原状、停止侵害、排除妨害等相应民事责任的，人民法院应予支持。”

【法律依据】

《物权法》第七十一条(略)

《物业管理条例》第七条、第四十五条、第五十二条(略)

《物业服务纠纷案件若干问题的解释》第四条(略)

72. 小区内宠物伤人，物业公司应当承担责任吗？

【解答】

城市居民饲养宠物的现象较为普遍，《侵权责任法》第八十四条规定："饲养动物应当遵守法律，尊重社会公德，不得妨害他人生活。"然而，近年来因饲养宠物而发生的纠纷逐渐增多，这其中以饲养动物致人损害的案件居多在此类案件中，法律对于侵权责任的承担有明确的规定：

(1)动物饲养人或管理人应对受害人承担侵权责任。《侵权责任法》第七十八条规定："饲养的动物造成他人损害的，动物饲养人或者管理人应当承担侵权责任"，第七十九条规定："违反管理规定，未对动物采取安全措施造成他人损害的，动物饲养人或者管理人应当承担侵权责任"，第八十条规定："禁止饲养的烈性犬等危险动物造成他人损害的，动物饲养人或者管理人应当承担侵权责任。"第八十二条规定："遗弃、逃逸的动物在遗弃、逃逸期间造成他人损害的，由原动物饲养人或者管理人承担侵权责任。"由上述规定可见，宠物伤人案件中承担侵权责任的主体一般是实际饲养人或管理人，即使是被遗弃、逃逸的动物在遗弃、逃逸期间伤人的，责任承担的主体一般也是原动物饲养人或管理人。

法律同时规定了宠物饲养人或管理人的免责条款：即当宠物饲养人或管理人"能够证明损害是因被侵权人故意或者重大过失造成的，可以不承担或者减轻责任"。同时，侵权责任法还赋予了宠物饲养或管理人向第三人的追偿权，《侵权责任法》第八十三条规定：“因第三人的过错致使动物造成他人损害的，被侵权人可以向动物饲养人或者管理人请求赔偿，也可以向第三人请求赔偿。动物饲养人或者管理人赔偿后，有权向第三人追偿。”

(2)如果物业公司在宠物伤人案件中承担责任，则有可能发生违约责任与侵权责任的竞合，受害人可以选择不同的案由进行诉讼。

第一，违约责任。如果物业公司与业主之间签订的物业服务合同中对小区内饲养动物管理方面有明确约定，而物业公司未尽到合同约定的管理义务，则应当就此向受害人承担违约责任。

第二，侵权责任。根据《侵权责任法》，物业公司向小区业主承担普适意义上的安全保卫义务，即当因物业公司怠于履行安全保卫职责造成业主被小区内动物伤害时，才向业主承担与之过错相适应的侵权责任。需要特别指出的是，在此类纠纷中，不宜将物业公司在宠物伤人事件中的安全保卫职责作过分放大的解释，应当根据不同的案情进行具体分析。

①普通情况下，因饲养人或管理人看管宠物不当造成的宠物伤人事件，应由宠物饲养人或管理人承担责任，物业公司一般不担责。

②如果业主饲养的宠物狗属于相关规定禁止饲养的烈性犬等危险动物，一般情况下，除了动物的饲养人或管理人应当承担责任外，物业公司也应当承担管理不到位的失职之责。但如果饲养人或管理人私自隐匿危险动物，物业公司客观上根本无法知情时，通常可以免责。

③如果是流浪的动物在小区内伤人，能够找到流浪动物以前的饲养人或管理人的，一般也由原饲养人或管理人承担责任。如果无法找到或者根本没有流浪动物原饲养人或管理人的，物业公司一般应当承担责任。

【法律依据】

《侵权责任法》第七十八条、第七十九条、第八十条、第八十二条、第八十三条、第八十四条(略)

73. 部分业主有权处置其使用的共用楼道吗？

【解答】

《物权法》第七十条规定："业主对建筑物内的住宅、经营性用房等专有部分享有所有权，对专有部分以外的共有部分享有共有和共同管理的权利。"第七十一条规定："业主对其建筑物专有部分享有占有、使用、收益和处分的权利。业主行使权利不得危及建筑物的安全，不得损害其他业主的合法权益。"从上述规定来看，对于建筑物内的共用部分应为业主共有，任何个人不得任意占为己有，亦不能对共有部分进行任意处置，妨碍其他共有人的使用和通行，否则其他共有人可以提起排除妨害之诉。

《建筑物区分所有权纠纷案件若干问题的解释》第三条第一款规定，"建筑物的基础、承重结构、外墙、屋顶等基本结构部分，通道、楼梯、大堂等公共通行部分，消防、公共照明等附属设施、设备，避难层、设备层或者设备间等结构部分应当认定为物权法第六章所称的共有部分。"业主对建筑物中的自有部分享有占有、使用收益、处分的权利，同时对于建筑物及其附属设施中的共用部分亦有平等的权利与义务。相邻业主无论是对建筑物的自有部分还是共用部分行使权利，均不得违背现行法律和法规的规定，不得危及建筑物的安全，不得损害其他业主的合法权益。本案中徐某承担责任的原因即为不合理地行使不动产所有权侵犯了相邻业主的合法权益。

【法律依据】

《物权法》第七十条、七十一条(略)

《物权法》第八十三条　业主应当遵守法律、法规以及管理规约。

《物权法》第八十四条　不动产的相邻权利人应当按照有利生产、方便生活、团结互助、公平合理的原则，正确处理相邻关系。

《建筑物区分所有权纠纷案件若干问题的解释》第三条(略)

74. 业主维权行为是否会侵害物业服务公司名誉?

【解答】

当业主认为自己的合法权益受到侵害时，可以采取以下几种维权的方式：即自力救济、协商、调解、仲裁和诉讼。对于在小区内发生的群体性“侵权”与“维权”事件，小区物业公司的管理工作显得尤为重要。小区业主在与物业公司产生纠纷时，首先应理性看待侵权与维权行为，并通过业主代表大会或业委会，或诉诸法律来寻求解决问题的最佳途径；如业主因维权行为过激反而成为侵权之诉的被告，甚至受到法律的制裁，这种不理性的维权方式就得不偿失了。

业主在与物业公司产生纠纷时若未选择有效沟通，或寻求第三方协调等理性的方式方法，而直接采取在公共场合显著位置悬挂含有贬损性语言的条幅，在业主没有证据证明物业公司存在“乱收费”行为的情况下，条幅所称的“乱收费、欺骗”行为即成为业主公然毁坏物业公司名誉的行为，业主非理性的“维权”行为客观上会造成了对物业公司名誉权的侵害，由此而产生相应的法律责任。

【法律依据】

《民法总则》第七十二条　法人、非法人组织享有名称权、名誉权、荣誉权等权利。

75. 业主停放在小区内的车辆受损，物业公司应当承担责任吗？

【解答】

近些年，因业主停放在小区内的自行车、汽车等被损坏，而引发的业主和物业公司之间的纠纷屡见不鲜。针对此类纠纷，有以下处理力式：司的服务合同对车辆管理、纠纷处理有明确的约定，即应按照双方的约定处理；如物业服务合同中无约定或约定比较模糊，难以确定责任时，则确定物业公司是否应当担责的重点就取决于物业公司是否履行了日常的安全保障义务，即需要根据具体案情分析物业公司为保护业主的人身及财产免受不法侵害，是否已经尽到通常人能够尽到的管理职责。如物业公司能够举证证明在已尽通常管理职责的前提下仍无法避免损失，则物业公司可以免责。

业主与物业公司签订的物业服务合同对车辆的看护和管理若

有如下明确约定："二十四小时设专人看管"、"有发生紧急情况预案"等，或在物业公司承诺妥善管理的时间区段，小区内发生纵火事件造成业主车辆受损，在未能确定直接侵权人的情况下，物业公司应当对其失职行为向受损业主承担责任。

【法律依据】

《物权法》第三十七条　侵害物权，造成权利人损害的，权利人可以请求损害赔偿，也可以请求承担其他民事责任。

《合同法》第一百零七条　当事人一方不履行合同义务或者履行合同义务不符合约定的，应当承担继续履行、采取补救措施或者赔偿损失等违约责任。

76. 暴雨导致水管堵塞造成损失，物业服务公司应该负责吗？

【解答】

保证排水管道通畅是物业公司的重要职责，物业公司应对排水管道进行定期检查和定期疏通。另外，根据国务院行政法规《建设工程质量管理条例》和国家建设部《房屋建筑工程质量保修办法》规定的屋面防水工程、有防水要求的卫生间、房间和外墙面的防渗漏，为五年的保修期限，有必要建议开发商督促施工单位在保修期内做好防渗漏的整改工作。

对于物业公司，在与业主签订物业服务协议时，应当确认自己的责任和维修范围，在日常的物业服务过程中，要避免工作中的拖沓，经常检查公共设施，一旦发现问题，积极地与业主沟通、解决问题，千万不要用放任不理的方式处理问题，以便减少自身损失的同时解决业主问题，为以后的工作和商誉提供方便。对于业主，一旦发现类似问题，应当及时地与物业公司沟通，减少自身的损失，通过正当的程序解决问题。

【法律依据】

《侵权责任法》第三条　被侵权人有权请求侵权人承担侵权责任。

《物权法》第三十七条　侵害物权，造成权利人损害的，权利人可以请求损害赔偿，也可以请求承担其他民事责任。

77. 小区水泵噪声扰民，业主有权请求物业服务公司承担精神损害赔偿吗？

【解答】

环境噪声通过干扰人的听觉神经，导致心慌、心悸、失眠、神经衰弱，进而可能诱发心脏病等器质性病变，所以，环境噪声侵害后果即是对人的精神损害。也就是说，其侵害不是依附于财产或人身权利受害而产生的伴随性后果，它本身就是一种精神上的侵害。当这种侵害对人造成长期侵扰时，受害人就可以主张损害赔偿。

针对商品房所有人在室内遭受噪声侵扰，受害人主张精神损害赔偿时，应注意如下问题：

第一是提起侵权之诉还是违约之诉的问题。受害人可以选择最有利于维护自己利益的一个途径。如果购房合同中就噪声问题有特殊约定，可以提起违约之诉，但违约之诉中不得主张精神损害赔偿；如果购房合同中就相关问题没有作出明确约定，可以提起侵权之诉。根据《侵权责任法》第六十六条的规定，环境侵权是特殊侵权，诉讼中实行举证责任倒置制度，有利于受害人。

第二是确定被告的问题。在现阶段，我国居民小区的物业公司与开发商有着千丝万缕的联系，一般来说，是由开发商代购房人与物业公司签订物业管理合同。泵房、电梯间等属于小区公共设施，购买人无权验收，由物业公司代为验收，因此，开发商与物业公司是关联体，他们应对公共设施的质量、安全包括环境噪声扰民等问题负连带责任。所以，可将开发商与物业公司列为共同被告。

第三是取证的问题。受害人一旦发现自己受到环境噪声侵扰了，可通过环保部门、监测机构的监测，收集相关环境噪声的数据，找准污染源，保存自己看病就医的一些票据。如果提起诉讼，这些证据都是必要的。

实际生活中，环境噪声不超标却扰民的情况较难解决，最好办法就是各方协商，受害人积极维护自己的权益，噪声排放者应充分认识噪声侵扰的有害性而自觉履行自己的义务。

【法律依据】

《环境保护法》第四十一条　建设项目中防治污染的设施，应当与主体工程同时设计、同时施工、同时投产使用。防治污染的设施应当符合经批准的环境影响评价文件的要求，不得擅自拆除或者闲置。

《环境噪声污染防治法》第二条　本所称环境噪声，是指在工业生产、建筑施工、交通运输和社会生活中所产生的干扰周围生活环境的声音。

本法所称环境噪声污染，是指所产生的环境噪声超过国家规定的环境噪声排放标准，并干扰他人正常生活、工作和学习的现象。

《环境噪声污染防治法》第七条　任何单位和个人都有保护声环境的义务，并有权对造成环境噪声污染的单位和个人进行检举和控告。

《侵权责任法》第六十六条　因污染环境发生纠纷，污染者应当就法律规定的不承担责任或者减轻责任的情形及其行为与损害之间不存在因果关系承担举证责任。

78. 物业服务公司能以危害小区安全为由擅自拆除户外广告牌吗？

【解答】

根据《物权法》及相关法规规定，区分所有建筑物周围、上下外墙面、楼顶平台及防空避难室等，非依法令规定并经区分所有权人会议决议，区分所有权人或专有部分占有人不得变更其构造、颜色、使用目的及设置广告物。可见，建筑物外墙、楼顶属于共有部分，非经全体区分所有权人同意，任何人不得随意占有、使用、收益或处分。建筑物外墙、楼顶属于全体业主共同共有，即大楼的全体业主对外墙享有共同的权利和义务，任一共同共有人利用该外墙须经其他共有人同意，任一共同共有人对损害该外墙的行为都有权加以制止。

鉴于此，在大楼外墙、楼顶设置广告牌不仅应当经过当地市政管理部门批准，履行必要的行政审批手续，还应当经过业主委员会的批准，未经前置程序不可擅自设立广告牌。同时，若经过了相关审批依法设立的广告牌，其所有人的合法财产权利亦应当受到法律的保护，物业公司未经允许擅自拆除合法设立的广告牌，则有可能对此承担相应的责任。

【法律依据】

《物权法》第七十二条　业主对建筑物专有部分以外的共有部分，享有权利，承担义务；不得以放弃权利不履行义务。

79. 业主拖欠费用，物业服务公司有权强制停水停电吗？

【解答】

业主向供水、供电公司交纳了水费、电费后，供水、供电公司就应保证业主正常的供水、供电需求。物业服务公司虽然不是供水、供电合同的当事人，但其无权擅自对业主进行停水、停电。由于物业服务公司根据物业服务合同提供的是物业辖区内建筑物、附属设施、卫生、绿化等公共事物的管理与维护。这决定了物业服务合同与其他一般民事合同相比具有其自身的特殊性，当业主不按期缴纳水电费时，物业服务公司应依据法律规定及物业服务合同的约定，采用合法程序来维护自己的权益：如与业主进行沟通协商，或根据物业服务合同的约定申请仲裁，或直接向人民法院提起诉讼等。物业服务公司仅因业主拖欠水电费而强制停水停电，由此造成业主损失的，物业服务公司应向业主承担赔偿责任。

业主除了和物业服务公司发生物业服务合同关系外，还与自来水公司、供电公司发生水、电供给(买卖)关系。但物业服务合同与供水、供电合同是两个独立的合同，涉及不同的合同当事人。《物业管理条例》第四十四条规定：“物业管理区域内，供水、供电、供气、供热、通信、有线电视等单位应当向最终用户收取有关费用。”业主与物业公司之间具有物业服务合同关系即债权关系。公民的生命健康权优先于债权，生活用水是维系生活的基本保障，业主拖欠水费、电费，但拖欠水电费并不构成物业公司断水、断电的合法理由，物业公司应通过合法方式解决业主拖欠水电费的问题，而不应采取不合理的方式侵害业主的合法权益。

【法律依据】

《物业管理条例》第三十五条　物业服务企业应当按照物业服务合同的约定，提供相应的服务。

物业服务企业未能履行物业服务合同的约定，导致业主人身、财产安全受到损害的，应当依法承担相应的法律责任。

《物业管理条例》第四十四条　物业管理区域内，供水、供电、供气、供热、通信、有线电视等单位应当向最终用户收取有关费用。

物业服务企业接受委托代收钱款费用的，不得向业主收取手续费等额外费用。

80. 小区无物业公司，存放在小区的汽车被盗，居民委员会应当承担责任吗？

【解答】

《物业管理条例》第二十条规定：“业主大会、业主委员会应当配合公安机关，与居民委员会相互协作，共同做好维护物业管理区域内的社会治安等相关工作。在物业管理区域内，业主大会、业主委员会应当积极配合相关居民委员会依法履行自治管理职责，支持居民委员会开展工作，并接受其指导和监督。住宅小区的业主大会、业主委员会作出的决定，应当告知相关的居民委员会，并认真听取居民委员会的建议。”由此条规定可以看出，居民委员会从职能上来看并不具有物业管理的职能，其仅负责居民自治和业主大会、业委会监督工作。故当小区出现物业管理缺位，发生业主财物损失时，不应由居民委员会来承担责任，而应由业主委员会或全体业主决定另选物业公司为小区提供物业服务，以保障小区业主的人身及财产安全。

物业管理服务应当建立在物业服务合同的基础之上，而小区与居委会之间并无此物业服务合同关系，通常居委会对小区的业主不负有安保义务。根据《物业管理条例》第二十条的规定，居委会对所辖社区更多的是指导、监督以及宏观层面上维护社会治安的职能，其并不对小区内的具体事务管理负有直接责任。

【法律依据】

《物业管理条例》第二十条(略)

81. 非机动车未停放在停车处，在小区内被盗，物业公司是否应当承担责任？

【解答】

物业公司虽然负责小区的安全保卫、管理工作，物业公司中的“保安”，其职责仅限于物业公共区域防范性安全保卫活动，目的是维护物业公共区域的秩序，为业主创造安全的居住环境。这种安全保卫职责并不等同于发生在小区的一切人身损害、财产毁损均由物业公司担责。物业公司的责任来源于物业服务合同，合同中对于双方的权利义务均有明确的规定。物业服务企业在未违反物业服务合同的情况下，对业主因遭受治安和刑事案件所受到的人身损害和财产损失一般不承担赔偿责任，除非物业公司对此事项有特别的承诺，或者物业公司在业主损害事件中存在故意、重大过失的过错。

业主与物业公司签订的物业服务合同对于非机动车辆管理有明确的约定，若物业公司仅对固定存车处的车辆承担保管责任，而业主擅自将车辆停放于楼房门前，停放的位置已经超出了物业公司承担保管责任的范围，故车辆丢失、损毁是业主自身未尽到相应的注意义务，故物业公司通常不承担业主丢失的损失责任。

【法律依据】

《合同法》第六十条　当事人应当按照约定全面履行自己的义务。

当事人应当遵循诚实信用原则，根据合同的性质、目的和交易习惯履行通知、协助、保密等义务。

《民事诉讼法》第六十四条　当事人对自己提出的主张，有责任提供证据。

当事人及其诉讼代理人因客观原因不能自行收集的证据，或者人民法院认为审理案件需要的证据，人民法院应当调查收集。

人民法院应当按照法定程序，全面地、客观地审查核实证据。

《民事诉讼证据的若干规定》第二条　当事人对自己提出的诉讼请求所依据的事实或者反驳对方诉讼请求所依据的事实有责

任提供证据加以证明。

没有证据或者证据不足以证明当事人的事实主张的，由负有举证责任的当事人承担不利后果。

82. 业主家中漏水导致电梯故障，业主、物业公司谁来承担责任？

【解答】

业主对于自己房屋内的水管及相关设施，应自行负责日常的管理、维护和修缮。当出现业主自有的水管跑水，导致小区电梯或其他公用设施出现故障或毁损时，责任的承担有以下几种类型：(1)若因业主自身的过失或使用不当时，物业公司因维修公用设施而产生的相关费用，有权向责任业主要求赔偿；(2)若因物业公司采取的措施不当而造成公共设施损失扩大时，则应由物业公司和业主根据其自身过错程度承担相应的责任；(3)若跑水的原因系业主房屋内的水管存在质量问题，水管的生产商家或销售者还应当承担产品质量责任。

根据法律规定，公民、法人的合法民事权益受法律保护，损坏他人财产的，应当恢复原状或者折价赔偿。业主家中的自来水管漏水，导致公共电梯损坏，若水管漏水原因系水管年久老化未予更换，业主对此应承担赔偿责任。物业管理公司作为业主所住小区的物业服务企业，受小区业主委托对楼内电梯等公用设施进行维护和管理，若物业公司实际支付了维修费用，在没有证据证明物业公司在漏水事件中存在过错的情况下，物业公司通常有权要求业主给付维修费用。

【法律依据】

《侵权责任法》第十五条　承担侵权责任的方式主要有：(一)停止侵害……(六)赔偿损失……

第二十条　侵害他人人身权益造成财产损失的，按照被侵权人因此受到的损失赔偿；被侵权人的损失难以确定，侵权人因此获得利益的，按照其获得的利益赔偿；侵权人因此获得的利益难以确定，被侵权人和侵权人就赔偿数额协商不一致，向人民法院提起诉讼的，由人民法院根据实际情况确定赔偿数额。

83. 物业服务公司将物业服务委托给他人，侵犯业主权利时，由谁承担责任？

【解答】

为了小区物业管理专业化水平的提高，实践中出现物业公司把物业管理区域的专项服务业务委托给专业性服务企业的情形，这种专业性委托不仅可以解决物业服务公司自身的负担，而且可以更好地为业主服务。

(1)物业服务公司可以将物业管理中的某些专项服务业务转委托给其他专业性服务公司。《物业管理条例》第三十九条规定："物业服务公司可以将物业管理区域内的专项服务业务委托给专业性服务企业，但不得将该区域内的全部物业管理一并委托给他人。"物业服务公司在将部分服务事项委托他人进行服务时，应从为小区提供更优质的物业服务的角度出发，保证受委托的专业性服务企业具备相关专业性资质。

(2)如果受托的单位没有相应的专业资质，如没有电工上岗证等，因此侵犯了小区居民的合法权益时，则物业公司应当向业主承担责任。《合同法》第四百条规定："受托人应当亲自处理委托事务。经委托人同意，受托人可以转委托。"业主和物业服务公司之间是委托服务合同关系，业主是委托人，物业服务公司是受托人。如果物业公司转委托的行为未经过业主同意，则物业公司应当对其转委托的失察行为向业主承担违约责任。

《民法总则》第一百六十九条规定："代理人需要转委托第三人代理的，应当取得被代理人的同意或者追认。转委托代理经被代理人同意或者追认的，被代理人可以就代理事务直接指示转委托的第三人，代理人仅就第三人的选任以及对第三人的指示承担责任。转委托代理未经被代理人同意或者追认的，代理人应当对转委托的第三人的行为承担责任，但是在紧急情况下代理人为了维护被代理人的利益需要转委托第三人代理的除外。"

物业服务公司将小区内的保洁、供电、供水、电梯维护服务事项委托给其他服务公司，事前没有取得业主的同意，事后也没有将该委托事项告知业主。同时，如受托的服务公司服务人员中进行水电、电梯维护的工人也没有相应的上岗证，这不仅违反了相关行业的安全管理规定，也对小区居民的财物造成了损害。因此，该物业服务公司转委托部分物业服务事项的行为，不仅不能更好地为业主服务，反而损害了业主的合法权益，物业服务公司应对此向业主承担相应的法律责任。

【法律依据】

《物业管理条例》第三十九条　物业服务企业可以将物业管理区域内的专项服务业务委托给专业性服务企业，但不得将该区域内的全部物业管理一并委托给他人。

《合同法》第四百条　受托人应当亲自处理委托事务。经委托人同意，受托人可以转委托。转委托经同意的，委托人可以就委托事务直接指示转委托的第三人，受托人仅就第三人的选任及其对第三人的指示承担责任。转委托未经同意的，受托人应当对转委托的第三人的行为承担责任，但在紧急情况下受托人为维护委托人的利益需要转委托的除外。

84. 物业服务公司公开业主委员的电话是否侵犯个人隐私？

【解答】

《民法总则》第一百一十一条规定："自然人的个人信息受法律保护。任何组织和个人需要获取他人个人信息的，应当依法取得并确保信息安全，不得非法收集、使用、加工、传输他人个人信息，不得非法买卖、提供或者公开他人个人信息。"《精神损害赔偿若干问题的解释》第一条规定："隐私利益被侵害的，受害人可以起诉请求精神损害赔偿。"根据上述规定，业主委员会委员的隐私受到法律的保护，在其隐私权受到侵犯时，可以向法院提起诉讼主张精神损害赔偿。

在实践中，物业公司在没有经过他人同意的情况下将其个人信息公开，使他人受到骚扰电话的影响，给他人的生活造成了影响。虽然物业公司认为他人以业主委员会工作人员一职应对外公开联系方式，但业委会成员的居民身份始终没有改变，物业公司对外将他人个人信息公开，造成了对个人隐私权的侵犯，依法应当承担责任。

【法律依据】

《民法总则》第一百一十一条(略)

《精神损害赔偿司法解释》第一条(略)

85. 物业公司印发传单指责业主委员会负责人，构成名誉权侵权吗？

【解答】

物业公司在小区内的宣传活动一般通过在公告栏张贴公告、印发传单等形式进行，这种宣传行为中如若包含不实的内容，势必在小区业主内部产生一定的影响，如果小区为开放式小区，该不实宣传造成的影响便会在不特定人群中更为广泛的扩散。当物业公司不实宣传的行为符合名誉侵权行为构成要件时，其应当对此承担相应的侵权责任。

名誉是指对特定人的人格价值的一种社会评价。名誉权是公民和法人对其名誉所享有的不受他人侵害的权利。根据相关法律规定，公民享有名誉权，公民的人格尊严受法律保护。名誉侵权与一般侵权构成要件一样，名誉侵权行为的构成也应当从受害人确有名誉被侵害的事实、行为人行为违法、违法行为与损害后果之间有因果关系、行为人主观上有过错四个方面来认定。侮辱、诽谤是最常见的名誉侵权形式，例如用语言(包括书面和口头)或行动，公然损害他人人格、毁坏他人名誉的行为，如用大字报、小字报、漫画或极其下流，肮脏的语言等形式辱骂、嘲讽他人、使他人的心灵蒙受耻辱等。或捏造并散布某些虚假的事实，破坏他人名誉的行为。如毫无根据或捕风捉影地捏造他人作风不好，并四处张扬、损坏他人名誉，使他人精神受到很大痛苦。

《民法总则》第一百一十条规定："自然人享有生命权、身体权、健康权、姓名权、肖像权、名誉权、荣誉权、隐私权、婚姻自主权等权利。"即便物业公司向小区业主这一特定人群派发传单，若传单中包含了大量对小区业委会人员极端的针对性语言，物业公司此行为属于使用侮辱性语言公然损害他人人格，客观上造成了他人社会评价的降低，符合名誉权侵权的构成要件，物业公司应当对此承担相应的侵权责任。

【法律依据】

《民法总则》第一百一十条(略)

86. 业主家中财物被盗，小区监控摄像头毁坏无法辨认犯罪嫌疑人，物业公司是否应当对业主承担赔偿责任？

【解答】

《物业管理条例》第三十五条规定："物业服务企业应当按照物业服务合同的约定，提供相应的服务。物业服务企业未能履行物业服务合同的约定，导致业主人身、财产安全受到损害的，应当依法承担相应的法律责任。"根据上述规定，业主与物业公司的物业服务合同中如果约定了在小区内应当安装监控摄像头，物业公司就保证监控摄像头的正常运行，以备不时之需。

根据业主与物业公司签订的合同约定，物业公司应当对小区主要出入口提供24小时监控，保证小区居民的人身及财产安全。当业主家中被盗时，小区监控录像是公安机关侦破案件的重要的证据，但物业公司却未能依约保证监控设备的正常运行，亦无证据证明其履行了安全保障职责，故其应对业主的财产损失承担与其管理失职过错相当的赔偿责任。

【法律依据】

《侵权责任法》第六条第一款　行为人因过错侵害他人民事权益，应当承担侵权责任。

《侵权责任法》第十九条　侵害他人财产的，财产损失按照损失发生时的市场价格或者其他方式计算。

《物业管理条例》第三十五条(略)

87. 业主家中失火，小区内消防设施废弃不能正常灭火，物业公司应对业主的损失承担责任吗?

【解答】

小区内的消防设施是重要的设备，消防设施不完善，则小区内一旦发生火灾后果将不堪设想。按照相关安全标准，高层小区内除了配置消防水带外，同时应该在每个楼层配置一组两个灭火器；如果一层居住的居民多、密集，要配置至少两组四个以上的灭火器。对于消防器材，物业等管理单位应每隔三个月检查一次，检查内容包括查看灭火器上的压力表是否还在绿色区域，消防水带配置的喷枪头有无短缺等。若物业公司没有按标准按要求维护消防设施，导致火灾发生后未能及时控制，对于由此产生的损害物业公司应当承担主要责任。

因过错造成公民合法权益遭受侵害的，侵权行为人应当承担相应的民事责任。物业公司作为物业管理单位，未能保障消防设施的正常有效使用以及院内消防通道畅通，致使火灾发生时，该楼室内消火栓无水、院内消防通道被占用，延误了救火行动，导致火灾的蔓延、扩大，对火灾造成原告的合理损失亦应承担相应的民事责任。

【法律依据】

《物权法》第三十七条　侵害物权，造成权利人损害的，权利人可以请求损害赔偿，也可以请求承担其他民事责任。

88. 业主车位常被占，可否拒交或减交停车管理费？

【解答】

小区车位一般分为地上车位和地下车位两部分，地下停车位产权一般归属于开发商，在业主购房时，开发商通过租赁或者销售的方式出让使用权或者所有权，地上停车位一般会列入业主购房的公摊面积，故从权属上来说，应为全体业主共有，通过物业公司委托管理由业主使用。物业服务公司对小区公共配套设施负有统一、有序管理的职责。在业主车位使用权遭受他人妨碍时，物业服务公司有义务排除妨害，保障业主对车位的正常使用。所以，物业服务公司因怠于履行管理、服务职责致使业主车位常被占时，业主有权根据被占的情况拒绝缴纳或者减少缴纳停车管理费。

【法律依据】

《物业管理条例》第三十五条　物业服务企业应当按照物业

服务合同的约定，提供相应的服务。

物业服务企业未能履行物业服务合同的约定，导致业主人身、财产安全受到损害的，应当依法承担相应的法律责任。

《合同法》第一百零一条　当事人一方不履行合同义务或者履行合同义务不符合约定的，应当承担继续履行、采取补救措施或者赔偿损失等违约责任。

89. 业主擅自改变车位造成损失，物业服务公司需要负责吗？

【解答】

物业服务公司与业主签订了物业服务合同，业主缴纳了物业管理费和停车费，双方形成了保管合同关系，物业服务公司应对指定范围内停放的车辆负有保管义务。业主应按照双方租赁车位协议的约定停放车辆，而不应擅自改变保管场所，否则如发生损失物业公司可以免责。一般来说，停车位处往往都设置有摄像头等，从自我保护的角度出发，业主应当将车辆停放到指定地点，避免产生损失。为避免此类纠纷，物业服务公司可在小区内张贴警示告示或标牌，提醒业主将车辆停放于指定场所，以防车辆丢失。

业主未将车辆停放在指定的车位，擅自停放他处，导致车辆脱离物业服务公司的保管范围，物业服务公司对停放在他处的车辆，不应承担管理义务，故物业服务公司无需对业主丢失车辆造成的损失承担责任。

【法律依据】

（略）

90. 业主交纳了停车场地使用费，就与物业服务公司构成保管合同关系吗？

【解答】

业主向物业服务公司交纳了停车场地使用费，是否必然形成保管合同关系，在实践中尚存有争议。一种观点认为，物业公司收取停车费仅有义务为业主提供车位，与保管车辆无关，双方未形成保管合同关系。另一种观点认为，物业公司向业主收取了停车场地使用费，就与业主形成了车辆保管合同关系，物业公司负有保管义务。笔者认为，根据《合同法》的规定，保管合同的构成要件包括双方对车辆保管达成一致的意思表示及保管物的交付。如业主和物业公司单独书面签订了车辆保管合同，或在物业服务合同中对于车辆保管进行了相应约定，或物业公司提供的停车场地上是指了相应保管车辆的标识，我们可以很明确地认定对车辆保管双方达成一致的意思表示。倘若双方并未对车辆保管表现出任何共识，如物业公司仅象征性收取少量停车费，或在停车卡背面已说明仅提供车位供临时停车，并无管理及保管义务，在这种情况下，是否构成保管合同关系则成为主要争议焦点。

如成立保管合同关系，在物业公司存在保管不善的情况下，业主有权主张物业公司承担赔偿责任；如不成立保管合同关系，则无权向物业公司主张赔偿。根据物业服务协议，物业公司对停车场负有管理义务，并向业主收取了相应停车费，双方虽未订立书面保管合同，但事实上已对保管车辆达成一致的意思表示。业主将车辆按规定停放于停车场，物业公司因保管不善，造成业主车辆受损，应当承担相应赔偿责任。

为明确各自权利义务，保护自身利益，物业公司和业主均应充分重视并谨慎遵守物业服务合同中有关停车位管理服务的相关条款的约定。对物业公司来说，应当根据自己的管理能力，结合小区的具体情况，与业主就停车位问题进行明确约定。业主自身也应当加强财产安全防范意识，如要求与物业公司对停车位服务协议就上述问题进行明确约定、为车辆购买相应保险及按照约定将车辆停入应当停放的位置等。

【法律依据】

《合同法》第三百六十五条　保管合同是保管人保管寄存人交付的保管物，并返还该物的合同。

第三百七十四条　保管期间，因保管人保管不善造成保管物毁损、灭失的，保管人应当承担损害赔偿责任，但保管是无偿的，保管人证明自己没有重大过失的，不承担损害赔偿责任。

91. 业主车位被人占，停放他处受损失，物业服务公司要承担责任吗？

【解答】

根据《物权法》第七十四条规定，建筑区划内，规划用于停放汽车的车位、车库应当首先满足业主的需要。其归属由当事人通过出售、附赠或者出租等方式约定。占用业主共有的道路或者其他场地用于停放汽车的车位，属于业主共有。这就意味着，物业公司无权将属于小区业主共有的车位出租给小区以外单位或个人，若擅自出租给业主造成损失的，须承担相应的责任。

【法律依据】

《物权法》第七十四条(略)

《合同法》第一百零七条　当事人一方不履行合同义务或者履行合同义务不符合约定的，应当承担继续履行采取补救措施或者赔偿损失等违约责任。

92. 签订租用停车位合同，物业服务公司对业主车辆负有安全保障义务吗？如未签订呢？

【解答】

如业主与物业公司签订租用停车位合同，物业服务公司对业主的车辆必然负有安全保障义务。如未签订租用停车位合同，例如对于在商场地下停车场临时停车等，物业公司也应当承担相应的安全保障义务。

根据《合同法》第三百六十五条的规定，保管合同是保管人保管寄存人交付的保管物，并返还该物的合同。在当事人无约定或约定不明的情形下，保管物的实际交付是保管合同成立的要件，如车辆作为保管物已实际交付物业公司，双方之间保管合同成立并生效。物业公司对交付其保管的涉案车辆负有妥保管的义务。物业公司未尽该义务，造成车辆或部件丢失，根据《合同法》第三百七十四条的规定，保管期间，因保管人保管不善造成保管物毁损、灭失的，保管人应当承担损害赔偿责任，但保管是无偿的，保管人证明自己没有重大过失的，不承担损害赔偿责任。

【法律依据】

《合同法》第三百六十五条、第三百七十四条(略)

93. 物业服务公司有权在小区楼间空地划出车位出租吗?

【解答】

物业服务公司无权擅自在小区楼间空地划出车位出租。小区楼间空地属于小区公共建筑和共用设施,根据《物业管理条例》第四十九条及第五十四条规定,物业管理区域内按照规划建设的公共建筑和共用设施,不得改变用途。物业服务企业确需改变公共建筑和共用设施用途的,应当提请业主大会讨论决定同意后,由业主依法办理有关手续,利用物业共有部位共用设施设备进行经营的,应当在征得相关业主、业主大会、物业服务企业的同意后,按照规定办理有关手续。业主所得收益应当主要用于补充专项维修资金,也可以按照业主大会的决定使用。如上所述,若物业服务公司从主权益出发,确实需要利用小区楼间空地拓展车位进行出租的,需征得相关业主、业主大会的同意后,按照规定办理有关手续。利用业主公用部分,应至少满足一下要求:确系为全体业主利益而利用空地;需经相关业主、业主大会同意。物业公司在未征得业主同意的情况下,擅自在楼间空地划车位出租,侵犯业主公用部分的权益,属于侵权行为,而对于此类行为,业主可以要求物业公司停止侵权、排除妨害。

【法律依据】

《物业管理条例》第四十九条　物业管理区域内按照规划建

设的公共建筑和共用设施，不得改变用途。

业主依法确需改变公共建筑和共用设施用途的，应当在依法办理有关手续后告知物业服务企业；物业服务企业确需改变公共建筑和共用设施用途的，应当提请业主大会讨论决定同意后，由业主依法办理有关手续。

《物业管理条例》第五十四条　利用物业共用部位、共用设施设备进行经营的，应当在征得相关业主、业主大会、物业服务企业的同意后，按照规定办理有关手续。业主所得收益应当主要用于补充专项维修资金，也可以按照业主大会的决定使用。

94. 高空坠物砸车，物业服务公司能举证免责吗？

【解答】

根据《侵权责任法》第八十五条的规定，建筑物或者其他设施以及建筑物上的搁置物、悬挂物发生倒塌、坠落造成他人损害的，它的所有人或者管理人应当承担民事责任，但能证明自己没有过错的除外。如出现高空坠物砸车的情形，物业服务公司承担的是无过错责任，对其没有过错负有举证责任。

根据《侵权责任法》第八十五条规定，建筑物或者其他设施以及建筑物上的搁置物、悬挂物发生倒塌、坠落造成他人损害的，它的所有人或者管理人应当承担民事责任，但能证明自己没有过错的除外。法院在审判中适用无过错责任，通常将举证责任分配给物业公司，在物业公司未提交证据证明自身没有过错的情况下，判令物业公司承担赔偿责任。另外，法院通常考虑到业主自身对于车辆的停放位置存在其它相应过错，会酌情减轻物业公司的相应赔偿责任，体现了公平原则。

值得提醒的是，物业管理活动中发生意外可能导致纠纷时，物业公司一方面应协助事主查清真相，帮助事主找到应承担责任的人，才能彻底解决事件，避免纠纷；另一方面全面加强证据意识。通过拍照、现场记录、无利害关系目击证人等方式固定证据，既有利于协助事主解决纠纷，又能分清自己应不应承担责任、应承担多大的责任等问题。作为业主，也应当尽到对自身财产的安全防范义务，避免财产受损。

【法律依据】

《侵权责任法》第八十五条(略)

95. 业主汽车被盗，保险公司理赔后可以向物业服务公司索赔吗？

【解答】

《保险法》第六十条规定，因第三者对保险标的的损害而造成保险事故的，保险人自向被保险人赔偿保险金之日起，在赔偿金额范围内代位行使被保险人对第三者请求赔偿的权利。小区业主汽车被盗，如物业公司负有责任，保险公司向业主进行理赔后，有权向物业公司索赔。

保险人代位求偿权纠纷中，法院对于保险公司代位求偿权均予以肯定，若车辆进出该物业服务区域内并没有履行发卡或登记等交付手续，不存在管理处实际控制案涉车辆的情况，因此通常认定双方之间未成立保管合同关系。其次，由于停放车辆的小区由物业公司进行物业管理，故物业公司应当提供场地供住户或访客等人员停放车辆，维持小区内的停车秩序，并对车辆进行基本的看管，在收取相关停车费用后，应当承担保管车辆安全的法律责任。

【法律依据】

《合同法》第三百六十五条　保管合同是保管人保管寄存人交付的保管物，并返还该物的合同。

《合同法》第三百六十六条　寄存人应当按照约定向保管人支付保管费。

当事人对保管费没有约定或者约定不明确，依照本法第六十一条的规定仍不能确定的，保管是无偿的。

《合同法》第三百六十八条　寄存人向保管人交付保管物的，保管人应当给付保管凭证，但另有交易习惯的除外。

《合同法》第三百七十九条　有偿的保管合同，寄存人应当按照约定的期限向保管人支付保管费。

当事人对支付期限没有约定或者约定不明确，依照本法第六十一条的规定仍不能确定的，应当在领取保管物的同时支付。

《保险法》第六十条　因第三者对保险标的的损害而造成保险事故的，保险人自向被保险人赔偿保险金之日起，在赔偿金额范围内代位行使被保险人对第三者请求赔偿的权利。

前款规定的保险事故发生后，被保险人已经从第三者取得损害赔偿的，保险人赔偿保险金时，可以相应扣减被保险人从第三者已取得的赔偿金额。

保险人依照本条第一款规定行使代位请求赔偿的权利，不影响被保险人就未取得赔偿的部分向第三者请求赔偿的权利。

96. 业主或承租人使用临时出入证、未交停车费的车辆被损坏，物业服务公司应当承担责任吗？

【解答】

物业公司对其管理区域的公共秩序和财产具有安全防范义务，物业公司发放临时出入证，对进出车辆和停车进行登记，双方即已建立停车服务合同。如由于物业公司未切实履行其对车主车辆的停车服务职责尤其是安全保障义务，造成车主车辆被损坏的，物业公司应对损失承担相应赔偿责任。

关于法律关系认定，保管合同是保管人保管寄存人交付的保管物，并返还该物的合同。保管合同自保管物交付时成立，但当事人另有约定的除外。故保管合同是实践性合同，以交付保管物作为合同成立的条件，这就决定了保管人应当对保管物具有较高程度的控制权，以对抗除寄托人以外的其他不特定第三人，所以保管物交付实际上是寄托人将保管物的控制权暂时转移给保管人，认定双方是否成立保管合同的关键在于考量物业公司是否暂时性取得了对车辆的控制权。物业公司所管理的小区停车场是一个封闭的收费停车场，车辆进入停车场需要在小区门口领取计时卡，车辆驶出停车场时需要刷卡并向物业公司管理人员交费。可见，未经物业公司管理人员发放计时卡，车辆无法进入停车场；未经物业公司收费放行，车辆也无法驶出停车场。综合判断物业公司对进出停车场车辆的上述放行过程，可以认定物业公司对车辆拥有较高的控制权，物业公司与寄托人之间就涉案车辆形成了保管合同关系。

根据《合同法》第三百六十九条、第三百七十四条之规定，保管人应当妥善保管保管物；因保管人保管不善，造成保管物毁损灭失的，应当承担损害赔偿责任。物业公司作为有偿保管合同的保管人，应当对保管停放的车辆尽到妥善保管义务。

【法律依据】

《合同法》第三百六十五条、第三百六十九条、第三百七十四条(略)

97. 突发暴雨车库被淹，物业服务公司可以免责吗?

【解答】

在夏季这种暴雨频繁的季节，物业公司作为管理人平时应对地下车库挡水、排水、防渗漏等方面做好相应防范，最好提早准备好移动水泵等应急设备，在险情发生时，能采取有效应急排水措施；同时，在险情无法排除时，物业公司有义务及时通知业主将财物移出车库，从而避免损失发生或进一步扩大。如果因为物业公司疏于防范，没有提前做好准备工作，或在险情发生后未尽到最大的谨慎与努力应对，造成业主车辆受损，物业公司应承担相应赔偿责任。

对于不可预见的突发性暴雨导致车库被淹，物业公司是否应当承担责任？物业公司作为专业的物业管理部门，对雨季可能发生的暴雨等灾害性天气应做好防范预案，并应尽到最大的谨慎和努力应对，并应及时将险情通知到业主。物业公司不能简单地以不可抗力为由免责。业主对于意外事故的发生风险也应加强自身的防范意识。

【法律依据】

《物业管理条例》第三十五条(略)

98. 物业服务公司只收取规定的车辆管理费的一半，也应对车辆损坏负全责吗?

【解答】

物业公司降低或只收取车辆管理费的一半，若因违约或失职造成的损害，仍应对业主车辆损坏负全责。物业公司作为专业的物业服务企业，应有相应的人员和财力保障能履行物业管理职责，配备专业的人员，必需的物业设备设施。物业公司不能因人员或财力的限制，也不能以减少收取物业费的方式，降低物业管理服务水平。对于业主造成的损失，物业公司怠于履行管理职责的，违反物业服务合同，仍应承担赔偿责任。

【法律依据】

(略)

99. 住客在酒店门口丢失车辆，酒店在安全保障义务范围内负补充责任吗?

【解答】

住客在酒店门口丢失车辆，酒店是否应当承担责任，不能一概而论。旅客在酒店住宿期间，依酒店的指示或许可，将车辆停放于酒店内部场地后，酒店对车辆负有保管义务，但是酒店未对车辆停放单独收费且证明对车辆被盗没有重大过失的，不承担损害责任。实践中，很多酒店门口的停车区域并非由酒店管理，而是公共区域或由他方管理的停车场，在双方并未对停车服务达成一致，酒店甚至对于住客停车一事都不知情的情况下，无法认定酒店与住客之间成保管合同，酒店对于住客车辆丢失并不承担安全保障义务。但是如住客系按照酒店的指引将车停人指定的位置如酒店的地下车库或酒店管理的停车场，这种情况下酒店对于住客的车辆则应当负有安全保障义务。

酒店作为经营性单位，很多场所都是对外开放的，如停车场对外开放，停车位不固定，酒店物业保安在车辆管理方面主要作用是维护秩序，对进出车辆进行指挥、疏导。酒店门口的停车位若并非酒店所专用或管理，在酒店消费人员或其他人员均可在此处停放车辆时，酒店并不当然对每天停放在其酒店门口的众多车辆负有保管及安全保障义务。若车主未提交充分有效证据车辆在酒店应尽监管义务而未尽到责任的情况下丢失的主张，通常法院驳回车主的诉讼请求。

审判实践中，消费者与经营者之间建立服务合同关系时，消费者在因第三方原因遭受损失时多以商家未履行服务合同的附随义务和安全保障义务等为由提起诉讼。值得提醒的是，目前，很多酒店、宾馆、饭店在门前的人行道或马路边随意设置数个停车位，车主停车最好要让店方出具停车票据或停车卡，以证明双方建立了保管关系。为避免此类纠纷，酒店可张贴警示告示或标牌，提醒车主将车辆停放于指定场所，以防车辆丢失。车主在停车时应当按照酒店安保人员指挥停入酒店指定的停车场地，不要为图方便将车辆随意停放。此外，为避免财产受损，车主应当尽到对自身财产的安全防范义务，车主可为车辆购买相应车辆保险。

【法律依据】

（略）

100. 物业服务公司收取的小区停车费是否该返还给全体业主或者业主委员会？

【解答】

《物权法》第七十三条规定，建筑区划内的道路，属于业主共有，但属于城镇公共道路的除外。建筑区划内的绿地，属于业主共有，但属于城镇公共绿地或者明示属于个人的除外。建筑区划内的其他公共场所、公用设施和物业服务用房，属于业主共有。占用业主共有的道路或者其他场地用于停放汽车的车位，属于业主共有，物业公司收取的停车费应返还给业主。小区停车位及其收益属于业主共有和共同管理的重大事项，业主大会可以决定对停车位及其收益的管理使用作出决定。实践中，有些地方对于停车费的收取与用途亦作出专门的规定。

【法律依据】

《物权法》第七十三条　建筑区划内的道路，属于业主共有，但属于城镇公共道路的除外。建筑区划内的绿地，属于业主共有，但属于城镇公共绿地或者明示属于个人的除外。建筑区划内的其他公共场所、公用设施和物业服务用房，属于业主共有。

101. 有些业主认为自己并未与物业服务企业签订物业管理合同，因此不管是开发商还是业主委员会与物业服务企业签订的物业服务合同都对其无约束力，自己不知晓且不认可该合同内容，因此拒绝交纳物管费。该抗辩理由是否成立？

【解答】

不成立。

【法律依据】

《最高人民法院关于审理物业服务纠纷案件具体应用法律若干问题的解释》第一条　建设单位依法与物业服务企业签订的前期物业服务合同，以及业主委员会与业主大会依法选聘的物业服务企业签订的物业服务合同，对业主具有约束力。业主以其并非合同当事人为由提出抗辩的，人民法院不予支持。

102. 某些业主辩称物业服务合同中约定的合同期限早已届满，因此对超过合同期限的物业费，因无合同约定，故有权拒绝交纳。该说法是否成立？

【解答】

不成立。在约定的合同期限届满后，若物业服务企业继续为小区提供服务，业主也接受了物业服务企业提供的物业服务，双方形成了事实上的物业服务合同关系，均应履行相应的合同义务。在上述情况下，业主的这一抗辩理由也不能得到法院的支持。

【法律依据】

《合同法》第三十六条 法律、行政法规规定或者当事人约定采用书面形式订立合同，当事人未采用书面形式但一方已经履行主要义务，对方接受的，该合同成立。

103. 有些业主以物业服务企业未对其催收过物业费为由，对物业服务企业主张的诉讼请求中超过三年诉讼时效的物业费拒绝交纳。是否合理？

【解答】

实践中，物业服务企业作为债权人对于业主拖欠物业费的行为大多采取在业主的房屋大门上张贴催费通知单的形式来向业主提出交费请求。若物业服务企业向法院提供了照片等证据材料证明这一催费事实，那么法院可认定为诉讼时效中断，业主的这一抗辩理由就不能得到法院支持。若物业服务企业没有证据证明其在三年的诉讼时效期内向业主催收过物业费，那么业主的这一抗辩理由就能得到法院支持。

【法律依据】

《民法总则》第一百八十八条 向人民法院请求保护民事权利的诉讼时效期间为三年。法律另有规定的，依照其规定。

《民法总则》第一百九十五条　有下列情形之一的，诉讼时效中断，从中断、有关程序终结时起，诉讼时效期间重新计算：(1)权利人向义务人提出履行请求……

104. 业主是否可以以房屋质量存在问题，如房屋漏水、墙体脱落、玻璃破裂等为由拒交物管费？

【解答】

商品房存在质量问题系业主与开发商之间的商品房买卖合同纠纷，而物管费的交纳则属于业主与物业服务企业之间的物业服务合同纠纷，两者不属于同一法律关系。通常情况下，开发商与物业公司是两个独立的法人企业，相互之间不应为对方承担民事责任。因此，业主的该项抗辩理由不能得到法院的支持。

【法律依据】

《合同法》第一百零七条　当事人一方不履行合同义务或者履行合同义务不符合约定的，应当承担继续履行、采取补救措施或者赔偿损失等违约责任。

105. 业主向物业服务企业反映小区单元门、过道路灯等被损坏，顶楼房屋漏水等问题，要求维修，但物业服务企业知晓后拒不维修或者维修不合格，业主是否可以此为由拒交物管费？

【解答】

对于维修义务的承担主体，应具体情况具体分析：如果房屋在国家规定的保修期和保修范围内，由建设单位承担维修义务；在房屋质保期届满后，房屋专有部分由业主或侵权人承担维修义务，房屋楼顶等小区共有部分、公共设施设备由物业服务企业承担维修义务，物业服务企业履行义务时，可使用小区的住宅专项维修基金。若业主有证据证明物业服务企业不履行或者不完全履行物业服务合同约定的或者法律、法规规定以及相关行业规范确定的维修义务时，可酌情减少物业费。

【法律依据】

《合同法》第一百一十一条　质量不符合约定的，应当按照当事人的约定承担违约责任。对违约责任没有约定或者约定不明确，依照本法第六十一条的规定仍不能确定的，受损害方根据标的的性质以及损失的大小，可以合理选择要求对方承担修理、更换、重做、退货、减少价款或者报酬等违约责任。

106. 业主认为因为物业服务企业未尽到安全保障义务，才导致自己的人身、财产遭受损失，如家中财物被盗窃，自有车辆被损坏或者被偷走，业主是否可以此为由拒交物管费？

【解答】

物业服务企业的安保义务源于法律相关规定和合同约定。法定的安保义务主要是在各地的物业管理条例中规定的物业服务企业对违反小区安全管理行为的制止义务以及防止小区内出现安全问题的协助义务。若业主有充分证据证明物业服务企业存在违反约定或者法定的安保义务，那么当物业服务企业向业主行使物业费请求权时，业主可以以物业服务企业未尽到安保义务，是对合同义务的不完全履行，属于违约行为由进行抗辩。但未尽到安保义务一般情况下不构成根本性违约，法院经审理后可根据安保责任范围以及业主的具体损失来酌情减少物业费。然而物业服务企业不是万能的，不可能杜绝或者随时制止小区内一切损害的发生，我们不能苛求物业服务企业对这种不确定的危险承担过重的义务。只要物业服务企业尽到了合理范围内的注意义务、采取了合理的预防措施，物业公司就可以对业主因第三人侵权所遭受的损失免责。

【法律依据】

《物业管理条例》第三十五条　物业服务企业应当按照物业服务合同的约定，提供相应的服务。物业服务企业未能履行物业服务合同的约定，导致业主人身、财产安全受到损害的，应当依法承担相应的法律责任。

107. 物业公司是否有权强制给业主停电或停水？

【解答】

物业公司与业主之间签订的是物业服务合同，业主与供电局、自来水公司之间签订的是供水、供电合同，这是两个相互平行、相互独立的法律关系。物业公司只是对供水供电设备进行维修和保养，并不是水、电的供应方。水、电的提供者是自来水公司和供电局。只有当业主出现合同约定和国家规定的情形时，自来水公司或供电公司才有权停止供水、供电。故物业公司无权强制给业主停电/水。

【法律依据】

《物业管理条例》第四十五条　物业管理区域内，供水、供电、供气、供热、通信、有线电视等单位应当向最终用户收取有关费用。物业管理企业接受委托代收前款费用的，不得向业主收取手续费等额外费用。

108. 房子出租，承租人不交物业费，业主有义务要交吗?

【解答】

依法成立的合同对合同当事人具有约束力，不得损害第三方权利，业主与承租人签订的租赁合同只能对租赁双方的权利义务作出约定，这种约定不得对抗第三人，不得通过合同损害第三方权利。

从债务的角度分析，业主与承租人约定由承租人交纳物业费实际上构成了债务的转移，将原属业主的债务转移给承租人，在业主和承租人之间有效，这种债务转移没有得到债权人即物业公司的同意时，并未免除业主支付物业费的责任。

【法律依据】

《物业管理条例》第四十一条　业主应当根据物业服务合同的约定交纳物业服务费用。业主与物业使用人约定由物业使用人交纳物业服务费用的，从其约定，业主负连带交纳责任。

已竣工但尚未出售或者尚未交给物业买受人的物业，物业服务费用由建设单位交纳。

109. 交房办理入住手续时，被告知要找物业公司办理，并要求业主一次性交一年或者更长时间的物业管理费，由此引发矛盾，物业服务企业能否扣押业主家钥匙？

【解答】

业主购买房屋，就与开发商之间形成了一种商品房买卖关系，商品房买卖合同即他们之间法律关系的体现。在这一法律关系中，业主与物业服务企业双方各有多种权利、义务，但是对于开发商而言，最根本的权利是收取业主的购房款，最根本的义务是向业主交付房屋。业主已经按照商品房买卖合同的约定，向开发商支付全部购房款，开发商就应该履行向业主交付房屋的义务，否则要按照商品房买卖合同约定承担逾期交房的违约责任。

从法律角度讲，商品房买卖关系与物业管理关系是两种独立的法律关系，不应该相互混淆。不管业主与物业服务企业之间如何，都是物业管理关系的内容，与商品房买卖法律关系无关。如果开发商以业主完成物业管理关系中的义务作为交付商品房的条件，则是变相增加业主的合同义务与责任，是不符合商品房买卖合同约定和相关法律规定的。

无论开发商也好，物业服务企业也好，都不能因为业主没有签订物业管理公约、对物业管理费有意见而拒绝给业主办理入住手续、不给业主钥匙等，这种行为构成开发商对业主的违约，也是对业主权益的侵害。

【法律依据】

《合同法》第一百零七条　当事人一方不履行合同义务或者履行合同义务不符合约定的，应当承担继续履行、采取补救措施或者赔偿损失等违约责任。

110. 业主委员会未按法定程序招聘物业管理企业，业主是否可以拒交物业管理费？

【解答】

在《合同法》上，这种物业管理合同实际上仍处于一种效力待定状态，假设之后召开的业主大会决定承认这份合同，则该合同就具有合法效力；即使业主大会最终决议否定了这份合同的效力，业主也应根据物业公司已提供的事实服务，交纳相应的物业费。如果业主对物业公司的服务存有异议，应通过建议召开业主大会的渠道解决，采取拒交物业费的方式不当。

【法律依据】

《合同法》第四十八条　行为人没有代理权、超越代理权或者代理权终止后以被代理人名义订立的合同，未经被代理人追认，对被代理人不发生效力，由行为人承担责任。

相对人可以催告被代理人在一个月内予以追认。被代理人未作表示的，视为拒绝追认。合同被追认之前，善意相对人有撤销的权利。撤销应当以通知的方式作出。

111. 网购包裹，物业该不该代收？

【解答】

签收快递或包裹是收件人本人的责任，原则上小区保安或物管人员没有代为签收的义务，特别是一些重要或贵重物品。

物管公司是服务公司，如在物管合同服务条款中包含了帮业主处理一些事务的义务，如果物管帮忙代收了，而包裹出现丢失或损坏，那么物管还是存在一定的保管责任。快递过程中，包裹如果遗失、损坏，由快递公司承担主要责任。

【法律依据】

《合同法》第八条　依法成立的合同，对当事人具有法律约束力。当事人应当按照约定履行自己的义务，不得擅自变更或者解除合同。

依法成立的合同，受法律保护。

112. 物业服务企业是否有权在小区空地上划出车位出租？

【解答】

小区空地属于小区建筑区划内的共有部分，物业公司无权擅自利用小区空地划出车位出租。

【法律依据】

《物业管理条例》第四十九条　物业管理区域内按照规划建

设的公共建筑和共用设施，不得改变用途。

业主依法确需改变公共建筑和共用设施用途的，应当在依法办理有关手续后告知物业服务企业；物业服务企业确需改变公共建筑和共用设施用途的，应当提请业主大会讨论决定同意后，由业主依法办理有关手续。

113. 物业有权禁装太阳能热水器吗？

【解答】

物业管理公司对整个小区负有管理职责，有义务和权利维护小区的整体性和统一性。是否允许装设太阳能热水器，主要要视物业管理公司与业主在物业管理公约中是否有约定，其次要看太阳能热水器的安装是否构成对墙面、顶层或邻居空间的占用或破坏。

【法律依据】

《物业管理条例》第七十一条　业主对其建筑物专有部分享有占有、使用、收益和处分的权利。业主行使权利不得危及建筑物的安全，不得损害其他业主的合法权益。

《最高人民法院关于审理建筑物区分所有权纠纷案件具体应用法律若干问题的解释》第十五条　业主或者其他行为人违反法律、法规、国家相关强制性标准、管理规约，或者违反业主大会、业主委员会依法作出的决定，实施下列行为的，可以认定为物权法第八十三条第二款所称的其他“损害他人合法权益的行为”：

(1)损害房屋承重结构，损害或者违章使用电力、燃气、消防设施，在建筑物内放置危险、放射性物品等危及建筑物安全或者妨碍建筑物正常使用；

(2)违反规定破坏、改变建筑物外墙面的形状、颜色等损害建筑物外观；

(3)违反规定进行房屋装饰装修；

(4)违章加建、改建，侵占、挖掘公共通道、道路、场地或者其他共有部分。

114. 车在小区被盗，物业管赔吗？

【解答】

业主和小区物业管理只存在车位使用关系，并没有保管义务，除非有证据证明车辆的损坏或被盗是小区物业管理的疏忽或管理不善造成的。

比如小区实行24小时保安站岗值班制，盗贼入门后，业主连续求救无效；或者小区实行电子监控，录像带上有盗贼的头像，而当值保安却没有发现，或发现盗贼没有及时制止等，才有可能通过法律途径得到索赔。

【法律依据】

《物权法》第三十七条　侵害物权，造成权利人损害的，权利人可以请求损害赔偿，也可以请求承担其他民事责任。

《合同法》第一百零七条　当事人一方不履行合同义务或者履行合同义务不符合约定的，应当承担继续履行、采取补救措施或者赔偿损失等违约责任。

115. 租赁房屋的物业费用应该由谁来承担？

【解答】

如果租赁双方在合同中明确约定了物业费用的负担问题，则按约定承担。如果没有约定或者约定不明的，则由出租人承担物业费用，因为承租人只对租赁合同中规定的义务负责，在租赁市场中依照惯例通常视为租金已经包含物业费，因此，租赁合同没有声明由承租人负担的，应由出租人承担。

【法律依据】

《物业管理条例》第四十一条　业主应当根据物业服务合同的约定交纳物业服务费用。业主与物业使用人约定由物业使用人交纳物业服务费用的，从其约定，业主负连带交纳责任。

已竣工但尚未出售或者尚未交给物业买受人的物业，物业服务费用由建设单位交纳。

116. 租赁房屋拖欠物业费用的，物业公司可以找谁索要？

【解答】

由于物业公司与业主(出租人)订有物业管理合同，基于合同的相对性如果发生物业费用的拖欠，该业主将房屋出租并不影响其对物业公司承担支付物业费用的责任，无论出租人与承租人的内部约定由谁承担物业费用，该约定均不能对抗物业公司，因此物业公司当然有权找出租人索要。

【法律依据】

《最高人民法院关于审理物业服务纠纷案件具体应用法律若干问题的解释》第七条　业主与物业的承租人、借用人或者其他物业使用人约定由物业使用人交纳物业费，物业服务企业请求业主承担连带责任的，人民法院应予支持。

117. 一个小区或一栋住宅楼内的哪些地方属于业主共有部分？

【解答】

业主共有部分，包括法定共有部分、天然共有部分、约定共有部分三种。

法律、行政法规明确规定属于业主共有的部分，我们称之为法定共有部分。从《物权法》的规定来看，下列部分属于法定共有部分：(1)建筑区划内的道路，属于业主共有，但属于城镇公共道路的除外；(2)建筑区划内的绿地，属于业主共有，但属于城镇公共绿地或者明示属于个人的除外；(3)建筑区划的其他公共场所、公用设施；(4)物业房屋用房；(5)占用业主共有的道路或者其他场地用于停放汽车的车位；(6)电梯、水箱。

关于天然共有部分。即法律没有规定，合同也没有约定，而且一般也不具备登记条件，但从其属性上天然属于共有的部分，包括建筑物的基本结构部分、公共通行部分、公共设施设备部分和公共空间等。

关于约定共有部分。除法定共有部分、天然共有部分外，其他不属于业主专有部分，也不属于市政公用部分或者其他权利人所有的场所及设施，就属于约定共有部分。因共有部分很难通过列举的方法予以穷尽，可按照“非特定权利人所有即为业主共有”的思路确定。

【法律依据】

《最高人民法院关于审理建筑物区分所有权纠纷案件具体应用法律若干问题的解释》第三条　除法律、行政法规规定的共有部分外，建筑区划内的以下部分，也应当认定为物权法第六章所称的共有部分：

(1)建筑物的基础、承重结构、外墙、屋顶等基本结构部分，通道、楼梯、大堂等公共通行部分，消防、公共照明等附属设施、设备，避难层、设备层或者设备间等结构部分；

(2)其他不属于业主专有部分，也不属于市政公用部分或者其他权利人所有的场所及设施等。

建筑区划内的土地，依法由业主共同享有建设用地使用权，但属于业主专有的整栋建筑物的规划占地或者城镇公共道路、绿地占地除外。

《物权法》第七十三条　建筑区划内的道路，属于业主共有，但属于城镇公共道路的除外。建筑区划内的绿地，属于业主共有，但属于城镇公共绿地或者明示属于个人的除外。建筑区划内的其他公共场所、公用设施和物业服务用房，属于业主共有。

118. 物业管理用房归物业公司所有还是属于业主所有？

【解答】

一般认为，不动产的产权状况以产权登记情况为准。如果物业管理用房登记在物业公司名下，应认为其属物业公司所有，若未进行约定，且在施工建设之初即是按照物业服务用房性质规划设计的，虽然是为物业服务企业配置使用的，但其所有权应当归全体业主所有。

【法律依据】

《物业管理条例》第二十七条　业主依法享有的物业共用部位、共用设施设备的所有权或者使用权，建设单位不得擅自处分。

《物业管理条例》第三十条　建设单位应当按照规定在物业管理区域内配置必要的物业管理用房。

《物业管理条例》第三十七条　物业管理用房的所有权依法属于业主。未经业主大会同意，物业服务企业不得改变物业管理用房的用途。

119. 物业服务公司可以改变物业管理区域内公共设施、场所的原始使用用途吗？

【解答】

首先，物业服务企业不得擅自改变物业管理区域内公共设施、场所的原始用途。其次，如果确实需要改变公共设施、场所的原始用途，应当经专有部分占建筑物总面积过半数的业主且占总人数过半数的业主同意。

【法律依据】

《物业管理条例》第四十九条　物业管理区域内按照规划建

设的公共建筑和共用设施，不得改变用途。

业主依法确需改变公共建筑和共用设施用途的，应当在依法办理有关手续后告知物业服务企业；物业服务企业确需改变公共建筑和共用设施用途的，应当提请业主大会讨论决定同意后，由业主依法办理有关手续。

《最高人民法院关于审理建筑物区分所有权纠纷案件具体应用法律若干问题的解释》第七条 改变共有部分的用途、利用共有部分从事经营性活动、处分共有部分，以及业主大会依法决定或者管理规约依法确定应由业主共同决定的事项，应当认定为物权法第七十六条第一款第(七)项规定的有关共有和共同管理权利的“其他重大事项”。

《物权法》第七十六条 下列事项由业主共同决定：

(1)制定和修改业主大会议事规则；

(2)制定和修改建筑物及其附属设施的管理规约；

(3)选举业主委员会或者更换业主委员会成员；

(4)选聘和解聘物业服务企业或者其他管理人；

(5)筹集和使用建筑物及其附属设施的维修资金；

(6)改建、重建建筑物及其附属设施；

(7)有关共有和共同管理权利的其他重大事项。

决定前款第五项和第六项规定的事项，应当经专有部分占建筑物总面积三分之二以上的业主且占总人数三分之二以上的业主同意。决定前款其他事项，应当经专有部分占建筑物总面积过半数的业主且占总人数过半数的业主同意。

120. 小区内建筑物墙面、房顶、电梯等广告收入归物业服务公司还是业主共同所有?

【解答】

共有部分在物业服务企业管理(包括前期物业管理)期间所产生的收益，应属全体业主所有，并主要用于补充小区业主的公益支出。物业服务企业对共有部分进行了经营管理的，可以享有一定比例的收益。

【法律依据】

《物业管理条例》第五十四条　利用物业共用部位、共用设施设备进行经营的，应当在征得相关业主、业主大会、物业服务企业的同意后，按照规定办理有关手续。业主所得收益应当主要用于补充专项维修资金，也可以按照业主大会的决定使用。

《物权法》第七十一条　业主对其建筑物专有部分享有占有、使用、收益和处分的权利。业主行使权利不得危及建筑物的安全，不得损害其他业主的合法权益。

121. 业主可以将住宅改为商业用房开设公司吗?

【解答】

住改商是指业主将住宅用途的房屋作为商业用房或办公用房等非居住用途房屋使用的行为。业主将住宅改变为经营性用房的，除遵守法律、法规以及管理规约外，应当经有利害关系的业主同意。

【法律依据】

《物权法》第七十七条　业主不得违反法律、法规以及管理规约，将住宅改变为经营性用房。业主将住宅改变为经营性用房的，除遵守法律、法规以及管理规约外，应当经有利害关系的业主同意。

《最高人民法院关于审理建筑物区分所有权纠纷案件具体应用法律若干问题的解释》第十条　业主将住宅改变为经营性用房，未按照物权法第七十七条的规定经有利害关系的业主同意，有利害关系的业主请求排除妨害、消除危险、恢复原状或者赔偿损失的，人民法院应予支持。

将住宅改变为经营性用房的业主以多数有利害关系的业主同意其行为进行抗辩的，人民法院不予支持。

《最高人民法院关于审理建筑物区分所有权纠纷案件具体应用法律若干问题的解释》第十一条　业主将住宅改变为经营性用房，本栋建筑物内的其他业主，应当认定为物权法第七十七条所称“有利害关系的业主”。建筑区划内，本栋建筑物之外的业主，主张与自己有利害关系的，应证明其房屋价值、生活质量受到或者可能受到不利影响。

122. 邻居对房屋进行“群租”，业主不胜其扰该怎么办？

【解答】

业主擅自改变房屋原设计结构，将房屋用于群租，不仅会给小区的管理带来难度，更会带来巨大的安全隐患，并严重影响相邻业主良好的居住环境和品质。当邻居进行群租时，首先，具有相邻关系或利害关系的业主，在权利受到实际侵害后，可以损害自己的财产、精神及安全居住利益等为由向法院提起诉讼。其次，物业公司在知晓上述情形应当及时进行制止，并向有关行政管理部门报告，要求有关行政管理部门进行处理。

【法律依据】

《物权法》第七条 物权的取得和行使，应当遵守法律，尊重社会公德，不得损害公共利益和他人合法权益。

《物权法》第七十一条 业主对其建筑物专有部分享有占有、使用、收益和处分的权利。业主行使权利不得危及建筑物的安全，不得损害其他业主的合法权益。

《物权法》第八十三条 业主应当遵守法律、法规以及管理规约。

业主大会和业主委员会，对任意弃置垃圾、排放污染物或者噪声、违反规定饲养动物、违章搭建、侵占通道、拒付物业费等损害他人合法权益的行为，有权依照法律、法规以及管理规约，要求行为人停止侵害、消除危险、排除妨害、赔偿损失。业主对侵害自己合法权益的行为，可以依法向人民法院提起诉讼。

《物权法》第八十四条 不动产的相邻权利人应当按照有利生产、方便生活、团结互助、公平合理的原则，正确处理相邻关系。

《物业管理条例》第四十五条 对物业管理区域内违反有关治安、环保、物业装饰装修和使用等方面法律、法规规定的行为，物业服务企业应当制止，并及时向有关行政管理部门报告。

有关行政管理部门在接到物业服务企业的报告后，应当依法对违法行为予以制止或者依法处理。

《物业管理条例》第五十二条　业主需要装饰装修房屋的，应当事先告知物业服务企业。

物业服务企业应当将房屋装饰装修中的禁止行为和注意事项告知业主。

《最高人民法院关于审理物业服务纠纷案件具体应用法律若干问题的解释》第四条　业主违反物业服务合同或者法律、法规、管理规约，实施妨害物业服务与管理的行为，物业服务企业请求业主承担恢复原状、停止侵害、排除妨害等相应民事责任的，人民法院应予支持。

123. 业主擅自占用楼道堆放杂物怎么办？

【解答】

楼道属于业主共用部位，由业主共同管理，任何人不得私自占用。如部分业主私自占用共用楼道，用于堆放杂物的，首先，业主可以向物业公司举报，要求物业公司出面进行协调，其次，业主可以向法院提起诉讼，要求侵权人排除妨碍、消除影响、赔偿损失。

【法律依据】

《物权法》第八十三条　业主应当遵守法律、法规以及管理规约。

业主大会和业主委员会，对任意弃置垃圾、排放污染物或者噪声、违反规定饲养动物、违章搭建、侵占通道、拒付物业费等损害他人合法权益的行为，有权依照法律、法规以及管理规约，要求行为人停止侵害、消除危险、排除妨害、赔偿损失。业主对侵害自己合法权益的行为，可以依法向人民法院提起诉讼。

《物权法》第八十四条 不动产的相邻权利人应当按照有利生产、方便生活、团结互助、公平合理的原则，正确处理相邻关系。

《物业管理条例》第四十五条 对物业管理区域内违反有关治安、环保、物业装饰装修和使用等方面法律、法规规定的行为，物业服务企业应当制止，并及时向有关行政管理部门报告。

有关行政管理部门在接到物业服务企业的报告后，应当依法对违法行为予以制止或者依法处理。

《建筑物区分所有权纠纷案件若干问题的解释》第三条 除法律、行政法规规定的共有部分外，建筑区划内的以下部分，也应当认定为物权法第六章所称的共有部分：

(1)建筑物的基础、承重结构、外墙、屋顶等基本结构部分，通道、楼梯、大堂等公共通行部分，消防、公共照明等附属设施、设备，避难层、设备层或者设备间等结构部分；

(2)其他不属于业主专有部分，也不属于市政公用部分或者其他权利人所有的场所及设施等。

建筑区划内的土地，依法由业主共同享有建设用地使用权，但属于业主专有的整栋建筑物的规划占地或者城镇公共道路、绿地占地除外。

第十四条 建设单位或者其他行为人擅自占用、处分业主共有部分、改变其使用功能或者进行经营性活动，权利人请求排除妨害、恢复原状、确认处分行为无效或者赔偿损失的，人民法院应予支持。

属于前款所称擅自进行经营性活动的情形，权利人请求行为人将扣除合理成本之后的收益用于补充专项维修资金或者业主共同决定的其他用途的，人民法院应予支持。行为人对成本的支出及其合理性承担举证责任。

124. 相邻方装抽油烟机，排风口对准邻居怎么办？

【解答】

首先，具有相邻关系或利害关系的业主，在权利受到实际侵害后，可以损害自己的财产、精神及安全居住利益等为由向法院提起诉讼。其次，可以要求物业公司或者业主委员会出面进行调解，物业公司在知晓上述情形后应当及时进行制止，对于违反房屋原有设计，擅自更改空调孔、排风口位置的，并应向有关行政管理部门报告，要求有关行政管理部门进行处理。

【法律依据】

《物权法》第七条　物权的取得和行使，应当遵守法律，尊重社会公德，不得损害公共利益和他人合法权益。

《物权法》第七十一条　业主对其建筑物专有部分享有占有、使用、收益和处分的权利。业主行使权利不得危及建筑物的安全，不得损害其他业主的合法权益。

《物权法》第八十三条　业主应当遵守法律、法规以及管理规约。

业主大会和业主委员会，对任意弃置垃圾、排放污染物或者噪声、违反规定饲养动物、违章搭建、侵占通道、拒付物业费等损害他人合法权益的行为，有权依照法律、法规以及管理规约，要求行为人停止侵害、消除危险、排除妨害、赔偿损失。业主对侵害自己合法权益的行为，可以依法向人民法院提起诉讼。

《物权法》第八十四条　不动产的相邻权利人应当按照有利生产、方便生活、团结互助、公平合理的原则，正确处理相邻关系。

125. 小区会所对外营业扰民，业主如何维权？

【解答】

会所一般是指规划部门批准的商业配套用房，它主要用于向业主提供商业、娱乐、文体等配套服务。首先，应区分小区会所的产权归属情况。若房产开发商在住宅开发建设中，将小区会所作为一个独立的房地产项目进行报批，并进行规划、设计和建设，且小区会所的面积没有摊入小区共用分摊面积，并办理了独立产权的，则小区会所的所有权属于开发商，开发商对会所依法享有占有、使用、收益和处分的权利，业主对此无权干涉；相反若小区会所项目报建时，是作为小区的附属设施、其建造成本等均已分摊到业主的公摊面积中，此时业主购买物业时包括了会所，会所的所有权属于业主，业主可以通过业主大会、业主委员会对会所如何使用作出决定。

其次，在小区会所归开发商所有的情况下，经营是否应当受到一定限制？小区的会所所有权为开发商的情况下，开发商可以根据实际情况自己经营，也可以出租由他人进行经营。如果开发商在售楼时对小区的会所使用功能有明确约定的应按照合同的约定处理，开发商违反的，应承违约责任。在开发商与业主对于会所的使用没有约定的情况下，会所在小区中经营，作为小区的配套设施，经营在依法自主经营的前提下应遵守业主规约，不得损害业主的合法权益。因该会所在小区内，其应遵守小区业主大会、业主委员的制定的管理规约，服从小区物业服务企业的管理。

最后，小区会所经营中对业主造成权利损害的，应当如何处理？会所经营中对业主造成的损害，业主可以向相关行政主管部门投诉，要求予以查处。业主对侵害自己合法权益的行为，也可以依法向人民法院提起诉讼，要求会所经营者排除妨碍、消除影响偿损失。

【法律依据】

《物业管理条例》第四十五条　对物业管理区域内违反有关治安、环保、物业装饰装修和使用等方面法律、法规规定的行为，物业服务企业应当制止，并及时向有关行政管理部门报告。

有关行政管理部门在接到物业服务企业的报告后，应当依法对违法行为予以制止或者依法处理。

《娱乐场所管理条例》第七条　娱乐场所不得设在下列地点：

(1)居民楼、博物馆、图书馆和被核定为文物保护单位的建筑物内；

(2)居民住宅区和学校、医院、机关周围；

(3)车站、机场等人群密集的场所；

(4)建筑物地下一层以下；

(5)与危险化学品仓库毗连的区域。

娱乐场所的边界噪声，应当符合国家规定的环境噪声标准。

126. 物业服务合同终止，物业服务公司不办理移交手续怎么办？

【解答】

物业服务合同终止后，物业服务公司应及时办理物业用房和物业管理资料的移交手续。物业服务公司拒不履行移送手续的情况下，业主委员会可以依法起诉要求其腾退设施、移交资料。

【法律依据】

《合同法》第九十二条　合同的权利义务终止后，当事人应当遵循诚实信用原则，根据交易习惯履行通知、协助、保密等义务。

《最高人民法院关于审理物业服务纠纷案件具体应用法律若干问题的解释》第十条　物业服务合同的权利义务终止后，业主委员会请求物业服务企业退出物业服务区域、移交物业服务用房和相关设施，以及物业服务所必需的相关资料和由其代管的专项维修资金的，人民法院应予支持。

物业服务企业拒绝退出、移交，并以存在事实上的物业服务关系为由，请求业主支付物业服务合同权利义务终止后的物业费的，人民法院不予支持。

127. 业主小区内被杀，物业服务公司在何种条件下要承担民事赔偿责任？

【解答】

物业公司作为小区物业管理单位，对小区的业主及共同居住人负有安全保卫义务。如果物业服务公司对于业主小区内被杀案件的发生也具有一定程度的过错，虽然未必会追究物业公司相关人员的刑事责任，但其也要负相应的民事责任。遇害者家属可以要求物业公司在责任范围内予以赔偿。

【法律依据】

《物业管理条例》第三十五条　物业服务企业应当按照物业服务合同的约定，提供相应的服务。

物业服务企业未能履行物业服务合同的约定，导致业主人身、财产安全受到损害的，应当依法承担相应的法律责任。

128. 建筑和管理瑕疵导致业主受伤乃至死亡的，开发商和物业服务公司如何担责？

【解答】

在现实生活中，常常由于建筑质量不合格，或者安全标准未达标，以及物业公司在安全方面未尽职责等原因，而在小区内发生安全事故，甚至引发人员伤亡的严重后果。这种事件的发生，虽然未必构成刑事案件，但是仍然可以追究相关责任人员和单位的民事责任，而且如果造成他人严重精神损害的，被侵权人还可以请求精神损害赔偿。如果受害人或者其家属对于事件的发生也有过错的，可以适当减轻物业公司或开发公司的责任。

【法律依据】

《最高人民法院关于审理人身损害赔偿案件适用法律若干

问题的解释》第十七条 受害人遭受人身损害，因就医治疗支出的各项费用以及因误工减少的收入，包括医疗费、误工费、护理费、交通费、住宿费、住院伙食补助费、必要的营养费，赔偿义务人应当予以赔偿。

受害人因伤致残的，其因增加生活上需要所支出的必要费用以及因丧失劳动能力导致的收入损失，包括残疾赔偿金、残疾辅助器具费、被扶养人生活费，以及因康复护理、继续治疗实际发生的必要的康复费、护理费、后续治疗费，赔偿义务人也应当予以赔偿。

受害人死亡的，赔偿义务人除应当根据抢救治疗情况赔偿本条第一款规定的相关费用外，还应当赔偿丧葬费、被扶养人生活费、死亡补偿费以及受害人亲属办理丧葬事宜支出的交通费、住宿费和误工损失等其他合理费用。

《最高人民法院关于审理人身损害赔偿案件适用法律若干问题的解释》第二十七条 丧葬费按照受诉法院所在地上一年度职工月平均工资标准，以六个月总额计算。

《最高人民法院关于审理人身损害赔偿案件适用法律若干问题的解释》第二十九条 死亡赔偿金按照受诉法院所在地上一年度城镇居民人均可支配收入或者农村居民人均纯收入标准，按二十年计算。但六十周岁以上的，年龄每增加一岁减少一年；七十五周岁以上的，按五年计算。

《最高人民法院关于确定民事侵权精神损害赔偿责任若干问题的解释》第八条 因侵权致人精神损害，但未造成严重后果，受害人请求赔偿精神损害的，一般不予支持，人民法院可以根据情形判令侵权人停止侵害、恢复名誉、消除影响、赔礼道歉。

因侵权致人精神损害，造成严重后果的，人民法院除判令侵权人承担停止侵害、恢复名誉、消除影响、赔礼道歉等民事责任外，可以根据受害人一方的请求判令其赔偿相应的精神损害抚慰金。

129. 物业服务公司不允许业主封闭阳台和安装外置式的防盗窗，窃贼入室行窃，物业服务公司有责任吗？

【解答】

在业主因为没有安装防盗窗，而被小偷从窗户进入盗窃时，如果业主想要求物业公司赔偿一定的损失，则首先要看物业公司是否具有过错，其次要看该过错行为与业主的被盗之间是否存在事实上的因果关系。只有同时满足这两个要件，物业公司才应当为盗窃行为负责，如果不符合这两个条件，则无法要求物业公司为盗窃行为负责。

【法律依据】

《物业管理条例》第五十二条　业主需要装饰装修房屋的，应当事先告知物业服务企业。

物业服务企业应当将房屋装饰装修中的禁止行为和注意事项告知业主。

130. 业主大会上业主按照人头数行使表决权吗？

【解答】

关于业主大会表决权的表决能力及表决能力大小的计算标

准，国际上有两种做法，一种是以人头数为准，1 人享有 1 份表决权，即使 1 人持有 2 个专有部分也只能算作 1 个人头数；二是以专有部分面积为准。我国法律制定的基本规则是，业主表决权按照专有部分的面积与建筑物专有部分面积的比例确定。具体而言，对于一般事项，应当经专有部分占建筑物总面积过半数的业主且占总人数过半数的业主同意；对于特别事项，应当经专有部分占建筑物总面积三分之二以上的业主且占总人数三分之二以上的业主同意。

【法律依据】

《物权法》第七十五条　业主可以设立业主大会，选举业主委员会。

地方人民政府有关部门应当对设立业主大会和选举业主委员会给予指导和协助。

第七十六条　下列事项由业主共同决定：

(1)制定和修改业主大会议事规则；

(2)制定和修改建筑物及其附属设施的管理规约；

(3)选举业主委员会或者更换业主委员会成员；

(4)选聘和解聘物业服务企业或者其他管理人；

(5)筹集和使用建筑物及其附属设施的维修资金；

(6)改建、重建建筑物及其附属设施；

(7)有关共有和共同管理权利的其他重大事项。

决定前款第五项和第六项规定的事项，应当经专有部分占建筑物总面积三分之二以上的业主且占总人数三分之二以上的业主同意。决定前款其他事项，应当经专有部分占建筑物总面积过半数的业主且占总人数过半数的业主同意。

《物业管理条例》第十二条　业主大会会议可以采用集体讨论的形式，也可以采用书面征求意见的形式；但是，应当有物业管理区域内专有部分占建筑物总面积过半数的业主且占总人数过半数的业主参加。

业主可以委托代理人参加业主大会会议。

业主大会决定本条例第十一条第(五)项和第(六)项规定的事项，应当经专有部分占建筑物总面积2/3以上的业主且占总人数2/3以上的业主同意；决定本条例第十一条规定的其他事项，应当经专有部分占建筑物总面积过半数的业主且占总人数过半数的业主同意。

业主大会或者业主委员会的决定，对业主具有约束力。

业主大会或者业主委员会作出的决定侵害业主合法权益的，受侵害的业主可以请求人民法院予以撤销。

131. 业主大会决议对业主继受人是否有约束力？

【解答】

业主继受人包括概括继受人与特写继受人，前者如继承人、营业合并人或财产概括承受人，后者包括区分所有权的买受人、受赠人等移转继受人以及区分所有建筑物的承租人，借用人等设定继受人。业主大会或业主委员会的决定，不仅约束业主，而且约束区分所有权的买受人、互易人和受赠人，业主死亡后的继承人、受遗赠人，区分所有建筑物的承租人、借用人。

【法律依据】

《最高人民法院关于审理建筑物区分所有权纠纷案件具体应用法律若干问题的解释》第十六条　建筑物区分所有权纠纷涉及专有部分的承租人、借用人等物业使用人的，参照本解释处理。

专有部分的承租人、借用人等物业使用人，根据法律、法规、管理规约、业主大会或者业主委员会依法作出的决定，以及其与业主的约定，享有相应权利，承担相应义务。

132. 如果业主大会决议违法，业主如何行使撤销权？

【解答】

业主大会作出的决议违法的，有两种撤销制度。一是行政撤销，其撤销权力是作为行政机关的物业所在地区、县人民政府房地产行政主管部门或者街道办事处、乡镇人民政府。二是请求人民法院予以撤销。

【法律依据】

《物业管理条例》第十九条　业主大会、业主委员会应当依法履行职责，不得作出与物业管理无关的决定，不得从事与物业管理无关的活动。

业主大会、业主委员会作出的决定违反法律、法规的，物业所在地的区、县人民政府房地产行政主管部门或者街道办事处、乡镇人民政府，应当责令限期改正或者撤销其决定，并通告全体业主。

《物权法》第七十八条 业主大会或者业主委员会的决定，对业主具有约束力。

业主大会或者业主委员会作出的决定侵害业主合法权益的，受侵害的业主可以请求人民法院予以撤销。

《最高人民法院关于审理建筑物区分所有权纠纷案件具体应用法律若干问题的解释》第十二条 业主以业主大会或者业主委员会作出的决定侵害其合法权益或者违反了法律规定的程序为由，依据物权法第七十八条第二款的规定请求人民法院撤销该决定的，应当在知道或者应当知道业主大会或者业主委员会作出决定之日起一年内行使。

133. 业主对小区内的建筑物享有哪些所有权？

【解答】

业主作为建筑物区分所有权人，其权利具体由三部分组成：业主对自有房屋的专有权，对公共部分、公共设施的共有权，以及对小区进行管理的成员权。

【法律依据】

《物权法》第七十条 业主对建筑物内的住宅、经营性用房等专有部分享有所有权，对专有部分以外的共有部分享有共有和共同管理的权利。

《物权法》第七十三条 建筑区划内的道路，属于业主共有，但属于城镇公共道路的除外。建筑区划内的绿地，属于业主共有，但属于城镇公共绿地或者明示属于个人的除外。建筑区划内的其他公共场所、公用设施和物业服务用房，属于业主共有。

《物权法》第七十四条　建筑区划内，规划用于停放汽车的车位、车库应当首先满足业主的需要。

建筑区划内，规划用于停放汽车的车位、车库的归属，由当事人通过出售、附赠或者出租等方式约定。

占用业主共有的道路或者其他场地用于停放汽车的车位，属于业主共有。

134. 业主破坏小区绿地，物业服务公司不作为，其他业主可以行使物业管理权吗？

【解答】

物业小区内的公共绿地及人行道属于业主共有，业主个人不能未经其他业主同意，占用业主共有空间。业主擅自占用全体业主共有空间的，物业服务公司作为物业管理主体，有权要求其停止侵害，恢复原状，并向法院起诉。小区绿地属于业主共有部分，擅自破坏绿地，属于损害他人合法权益的行为。其他业主对侵害自己合法权益的行为，可以进行制止。

【法律依据】

《物权法》第七十三条　建筑区划内的道路，属于业主共有，但属于城镇公共道路的除外。建筑区划内的绿地，属于业主共有，但属于城镇公共绿地或者明示属于个人的除外。建筑区划内的其他公共场所、公用设施和物业服务用房，属于业主共有。

《物业管理条例》第四十九条　物业管理区域内按照规划建

设的公共建筑和共用设施，不得改变用途。

业主依法确需改变公共建筑和共用设施用途的，应当在依法办理有关手续后告知物业服务企业；物业服务企业确需改变公共建筑和共用设施用途的，应当提请业主大会讨论决定同意后，由业主依法办理有关手续。

第五十条　业主、物业服务企业不得擅自占用、挖掘物业管理区域内的道路、场地，损害业主的共同利益。

因维修物业或者公共利益，业主确需临时占用、挖掘道路、场地的，应当征得业主委员会和物业服务企业的同意；物业服务企业确需临时占用、挖掘道路、场地的，应当征得业主委员会的同意。

业主、物业服务企业应当将临时占用、挖掘的道路、场地，在约定期限内恢复原状。

135. 物业服务公司出租小区公用地，业主有权起诉吗？

【解答】

物业服务公司应遵守相关法律法规规定和物业管理规约的约定，利用物业共用部位、公共设施设备进行经营的，应当在征得相关业主、业主大会、物业服务企业同意事，按照规定办理有关手续，而不得将小区公用地擅自出租盈利。个别或者部分业主对于物业服务公司利用物业共用部位、公共设施设备进行经营的侵权行为，应当通过召开业主大会，得到业主大会或者业主委员会的授权，或者经过全体业主的共同决定，方可向法院起诉物业服务公司，维护共同利益，个人或者部分业主不具有此类诉讼主体资格。

【法律依据】

《物权法》第七十条　业主对建筑物内的住宅、经营性用房等专有部分享有所有权，对专有部分以外的共有部分享有共有和共同管理的权利。

《物权法》第七十六条　下列事项由业主共同决定：

(1)制定和修改业主大会议事规则；

(2)制定和修改建筑物及其附属设施的管理规约；

(3)选举业主委员会或者更换业主委员会成员；

(4)选聘和解聘物业服务企业或者其他管理人；

(5)筹集和使用建筑物及其附属设施的维修资金；

(6)改建、重建建筑物及其附属设施；

(7)有关共有和共同管理权利的其他重大事项。

决定前款第五项和第六项规定的事项，应当经专有部分占建筑物总面积三分之二以上的业主且占总人数三分之二以上的业主同意。决定前款其他事项，应当经专有部分占建筑物总面积过半数的业主且占总人数过半数的业主同意。

《物业管理条例》第四十九条　物业管理区域内按照规划建设的公共建筑和共用设施，不得改变用途。

业主依法确需改变公共建筑和共用设施用途的，应当在依法办理有关手续后告知物业服务企业；物业服务企业确需改变公共建筑和共用设施用途的，应当提请业主大会讨论决定同意后，由业主依法办理有关手续。

《最高人民法院关于审理建筑物区分所有权纠纷案件具体应用法律若干问题的解释》第七条　改变共有部分的用途、利用共有部分从事经营性活动、处分共有部分，以及业主大会依法决定或者管理规约依法确定应由业主共同决定的事项，应当认定为物权法第七十六条第一款第(七)项规定的有关共有和共同管理权利的“其他重大事项”。

136. 业主委员会可以随意使用维修资金吗？

【解答】

维修资金主要是用于住宅共有部位，共用设施设备保修期满后的维修和更新、改造，其属于专款专用。维修资金的管理，使用应由业主大会决定，业主委员会无权决定使用维修资金。对业主委员会使用维修资金的决定，业主可以依法行使撤销权，向人民法院起诉，请求撤销业主委员会的决定。

【法律依据】

《物业管理条例》第十一条　下列事项由业主共同决定：

(1)制定和修改业主大会议事规则；

(2)制定和修改管理规约；

(3)选举业主委员会或者更换业主委员会成员；

(4)选聘和解聘物业服务企业；

(5)筹集和使用专项维修资金；

(6)改建、重建建筑物及其附属设施；

(7)有关共有和共同管理权利的其他重大事项。

《物业管理条例》第十五条　业主委员会执行业主大会的决定事项，履行下列职责：

(1)召集业主大会会议，报告物业管理的实施情况；

(2)代表业主与业主大会选聘的物业服务企业签订物业服务合同；

(3)及时了解业主、物业使用人的意见和建议，监督和协助物业服务企业履行物业服务合同；

(4)监督管理规约的实施；

(5)业主大会赋予的其他职责。

《物权法》第七十六条　下列事项由业主共同决定：

(1)制定和修改业主大会议事规则；

(2)制定和修改建筑物及其附属设施的管理规约；

(3)选举业主委员会或者更换业主委员会成员；

(4)选聘和解聘物业服务企业或者其他管理人；

(5)筹集和使用建筑物及其附属设施的维修资金；

(6)改建、重建建筑物及其附属设施；

(7)有关共有和共同管理权利的其他重大事项。

决定前款第五项和第六项规定的事项，应当经专有部分占建筑物总面积三分之二以上的业主且占总人数三分之二以上的业主同意。决定前款其他事项，应当经专有部分占建筑物总面积过半数的业主且占总人数过半数的业主同意。

137. 前期物业服务合同到期或终止后，前期物业服务企业拒绝退出，如何处理？

【解答】

前期物业服务合同终止后，前期物业服务企业应及时办理相关移送手续，前期物业服务企业拒绝退出的，业主委员会有权提起有关物业服务企业退出及物管用房、物管资料移交之诉。

【法律依据】

《最高人民法院关于审理物业服务纠纷案件具体应用法律若干问题的解释》第十条　物业服务合同的权利义务终止后，业主委员会请求物业服务企业退出物业服务区域、移交物业服务用房和相关设施，以及物业服务所必需的相关资料和由其代管的专项维修资金的，人民法院应予支持。

物业服务企业拒绝退出、移交，并以存在事实上的物业服务关系为由，请求业主支付物业服务合同权利义务终止后的物业费的，人民法院不予支持。

138. 前期物业服务企业拒绝退出，继续提供物业服务，业主能否拒交物业费？

【解答】

民事活动应当遵循自愿、公平、等价有偿、诚实信用原则。前期物业服务合同终止后，物业服务企业拒绝退出，继续为主提供物业服务，其所实施的该民事行为无合同依据，无法律依据，违背了民事活动遵循的自愿原则，其无权要求业主支付物业费。

【法律依据】

《最高人民法院关于审理物业服务纠纷案件具体应用法律若干问题的解释》第十条　物业服务合同的权利义务终止后，业主委员会请求物业服务企业退出物业服务区域、移交物业服务用房和相关设施，以及物业服务所必需的相关资料和由其代管的专项维修资金的，人民法院应予支持。

物业服务企业拒绝退出、移交，并以存在事实上的物业服务关系为由，请求业主支付物业服务合同权利义务终止后的物业费的，人民法院不予支持。

139. 业主能否以物业服务企业将小区物业服务转包他人经营为由拒交物业费？

【解答】

从合同相对性来说，物业服务关系是由物业服务企业与小区业主、业主委员会或建设单位在协商一致的基础上通过订立合同确定的，相关内容不得随意改变，特别是物业服务企业是由业主、业主委员会或建设单位选定，具有较强的针对性。但业主以物业服务企业将小区物业服务转包他人经营为由拒交物业费的意见能否成立，则要视具体情况而定，一般可区分为以下两种情况：

(1)尽管确实存在着物业服务企业将物业服务区域内的全部物业服务一并委托他人的情形，但小区内物业服务质量没有出现严重问题或下降，业主的正常生活没有受到影响。在此情形下，应当依据相关法律、法规认定转包的合同或相关条款无效，但由于业主实际上享受到了符合物业服务合同约定的服务，对业主以此为由拒交物业费的抗辩不予支持。但由于物业服务企业的违法转包行为，虽然提供了符合约定的物业服务，但仍然违反了亲自提供服务的法定义务，构成违约，业主可以主张解除物业服务合同。

(2)小区物业服务被转包后，物业服务质量严重下降，业主的正常生活秩序无法保障，则应当依据相关法律、法规认定转包合同或相关条款无效，并根据物业服务的实际质量，酌情支持业主要求减免物业费的主张。

【法律依据】

《物业管理条例》第三十五条　物业服务企业应当按照物业服务合同的约定，提供相应的服务。

物业服务企业未能履行物业服务合同的约定，导致业主人身、财产安全受到损害的，应当依法承担相应的法律责任。

《物业管理条例》第三十九条　物业服务企业可以将物业管理区域内的专项服务业务委托给专业性服务企业，但不得将该区域内的全部物业管理一并委托给他人。

《最高人民法院关于审理物业服务纠纷案件具体应用法律若干问题的解释》第二条　符合下列情形之一，业主委员会或者业主请求确认合同或者合同相关条款无效的，人民法院应予支持：

(1)物业服务企业将物业服务区域内的全部物业服务业务一并委托他人而签订的委托合同；

(2)物业服务合同中免除物业服务企业责任、加重业主委员会或者业主责任、排除业主委员会或者业主主要权利的条款。

前款所称物业服务合同包括前期物业服务合同。

140. 原业主死亡后，其欠交的物业费，物业服务企业能否向其继承人主张？

【解答】

业主生前所欠物业费应属于其本人的个人债务，应当适用我国《继承法》的相关规定，即继承人如继承了被继承人的遗产，就应当在所继承遗产的价值范围内，承担被继承人的债务，该债务当然包括被继承人生前拖欠的物业费；继承人放弃继承被继承人遗产的，不应承担被继承人生前所负的个人债务，当然也包括拖欠的物业费。如果所继承的遗产的价值不足以支付所欠债务的，超出部分继承人可不予支付，但继承人自愿偿还的不在此限。

【法律依据】

《继承法》第三十三条　继承遗产应当清偿被继承人依法应当缴纳的税款和债务，缴纳税款和清偿债务以他的遗产实际价值为限。超过遗产实际价值部分，继承人自愿偿还的不在此限。

继承人放弃继承的，对被继承人依法应当缴纳的税款和债务可以不负偿还责任。

141. 业主表决权能否委托他人行使？

【解答】

可以。

业主不亲自参加业主大会，委托他人代为行使投票权是物业管理实践中存在的一个具体法律问题。业主委托他人代为参加业主大会，代为行使投票权分为几种不同情况：(1)数人共有一处物业房产，应由全体共有人推举一个代表行使投票权。(2)拥有房产的未成年人或其他限制民事行为能力人、无民事行为能力人，依法应由其法定代理人代为行使权利。(3)物业房产登记在夫或妻一人名下，夫妻并非房产共有人。一般认为，非业主一方基于家事代理权制度可以代为参加业主大会，而不须另行特别授权。(4)除上述情况外，业主如委托他人代为行使投票权，如业主的亲戚朋友或物业使用人等，应当提倡由业主出具书面授权委托书，并且应当避免概括性授权，宜采取“一次一授”的方式，即业主的书面授权应限于具体哪一次的业主大会会议。

【法律依据】

《物业管理条例》第十二条第二款　业主可以委托代理人参加业主大会会议。

《业主大会和业主委员会指导规则》第二十六条　业主因故不能参加业主大会会议的，可以书面委托代理人参加业主大会会议。

未参与表决的业主，其投票权数是否可以计入已表决的多数票，由管理规约或者业主大会议事规则规定。

142. 夫妻共有某专有部分，一方行使表决权后，另一方可否以未经其同意为由主张该表决权的行使无效？

【解答】

我国的法律和司法解释对于夫妻共同财产，赋予夫妻双方平等的权利，享有平等的处理权。这种“处理权”在建筑物区分所有权的场合，当然包括成员权的行使。我国司法解释在夫妻任何一方处理共有财产的对外效力方面，采纳了夫妻任何一方都是另一方当然代理人这样一种家事代理的原则，注重保护善意第三人的利益。因此，在遇到夫妻一方主张另一方未经其同意而参加业主大会行使表决权的，应当认定该行使表决权的行为是夫妻共同的意思表示，其表决权的行使合法有效。

【法律依据】

《最高人民法院关于审理建筑物区分所有权纠纷案件具体应用法律若干问题的解释》第九条　物权法第七十六条第二款规定的业主人数和总人数，可以按照下列方法认定：(1)业主人数，按照专有部分的数量计算，一个专有部分按一人计算。但建设单位尚未出售和虽已出售但尚未交付的部分，以及同一买受人拥有一个以上专有部分的，按一人计算；(2)总人数，按照前项的统计总和计算。”

《业主大会和业主委员会指导规则》第二十五条第二款　一个专有部分由两个以上所有权人的，应当推选一人行使表决权，但共有人所代表的业主人数为一人。

《婚姻法》第十七条　夫妻对共同所有的财产，由平等的处理权。

《最高人民法院关于适用〈中华人民共和国婚姻法〉若干问题的解释(一)》第十七条　所谓平等的处理权包括两个方面，一是指因日常生活需要而处理夫妻共同财产的，任何一方均有权决定。二是指夫或妻非因日常生活需要对夫妻共同财产作重要处理决定，夫妻双方应当平等协商，取得一致意见。他人有理由相信其为夫妻双方共同意思表示的，另一方不得以不同意或不知道为由对抗善意第三人。

143. 业主要求罢免业主委员会成员或者改选业主委员会是否属于人民法院的受理范围？

【解答】

目前我国物业小区业主的管理模式采取的是业主自治模式。这种自治模式的框架为自治的主体是全体业主，自治的组织是业主大会和业主委员会；自治所遵循的基本原则是民主决策原则；自治的事项是有物业管理区域内的物业管理活动；自治的核心内容包括对业主委员会的民主选举以及对物业管理区域内的物业管理活动的民主决策、民主管理和民主监督。因此，不属于人民法院的受理范围。

【法律依据】

《物权法》第七十六条　下列事项由业主共同决定：

(1) 制定和修改业主大会议事规则；

(2) 制定和修改建筑物及其附属设施的管理规约；

(3) 选举业主委员会或者更换业主委员会成员；

(4) 选聘和解聘物业服务企业或者其他管理人；

(5) 筹集和使用建筑物及其附属设施的维修资金；

(6) 改建、重建建筑物及其附属设施；

(7) 有关共有和共同管理权利的其他重大事项。

决定前款第五项和第六项规定的事项，应当经专有部分占建筑物总面积三分之二以上的业主且占总人数三分之二以上的业主同意。决定前款其他事项，应当经专有部分占建筑物总面积过半数的业主且占总人数过半数的业主同意。

144. 让业主填写“征求意见表”符合业主大会召开的形式吗？

【解答】

由于一个小区的业主人数不等，少则几十户，多则上千户，因此要求每个小区的每位业主都集中到一起开会讨论，很难找到适合场地和合适的时间，也不切实际。因此，填写“征求意见表”也属于召开业主大会的一种形式，但是对于该形式，还需业委会加强对召开业主大会会议形式的通知和公示，确保业主的知情权和参与权。

【法律依据】

《物业管理条例》第十二条　业主大会会议可以采用集体讨论的形式，也可以采用书面征求意见的形式；但是，应当有物业管理区域内专有部分占建筑物总面积过半数的业主且占总人数过半数的业主参加。

业主可以委托代理人参加业主大会会议。

业主大会决定本条例第十一条第(五)项和第(六)项规定的事项，应当经专有部分占建筑物总面积2/3以上的业主且占总人数2/3以上的业主同意；决定本条例第十一条规定的其他事项，应当经专有部分占建筑物总面积过半数的业主且占总人数过半数的业主同意。

业主大会或者业主委员会的决定，对业主具有约束力。

业主大会或者业主委员会作出的决定侵害业主合法权益的，受侵害的业主可以请求人民法院予以撤销。

145. 业主可以对“管理规约”说不吗？

【解答】

物业管理规约，是由全体业主共同制定，并经业主大会表决通过的，有关业主在物业使用、维护、管理方面的权利义务的规范，对全体业主具有约束力。实践中，首次业主大会会议筹备组根据物业所在地房地产行政主管部门制定的示范文本制定管理规约，并提交业主大会会议表决，经专有部分占建筑物总面积过半数的业主且占决人数过半数的业主同意，管理规约即生效，对全体业主具有约束力。管理规约不仅对全体业主具有普遍约束力，对物业的使用人(如承租人、借用人)和继受人(如买受人、继承人)等物业建筑物的占有或使用人，均具有约束力。

【法律依据】

《物权法》第七十六条　下列事项由业主共同决定：

(1)制定和修改业主大会议事规则；

(2)制定和修改建筑物及其附属设施的管理规约；

(3)选举业主委员会或者更换业主委员会成员；

(4)选聘和解聘物业服务企业或者其他管理人；

(5)筹集和使用建筑物及其附属设施的维修资金；

(6)改建、重建建筑物及其附属设施；

(7)有关共有和共同管理权利的其他重大事项。

决定前款第五项和第六项规定的事项，应当经专有部分占建筑物总面积三分之二以上的业主且占总人数三分之二以上的业主同意。决定前款其他事项，应当经专有部分占建筑物总面积过半数的业主且占总人数过半数的业主同意。

146. 在普通住宅楼中办公司进行营业，是否必须得到全楼业主的书面同意？

【解答】

业主只有符合以下三个条件方能将住宅改为经营性用房，从事商业活动：一是“住宅商用”不得违反法律法规的强制性规定；二是“住宅商用”不得违反管理规约的规定；三是“住宅商用”应当经有利害关系的业主同意。

【法律依据】

《物权法》第七十七条　业主不得违反法律、法规以及管理规约，将住宅改变为经营性用房。业主将住宅改变为经营性用房的，除遵守法律、法规以及管理规约外，应当经有利害关系的业主同意。

《最高人民法院关于审理建筑物区分所有权纠纷案件具体应用法律若干问题的解释》第十条　业主将住宅改变为经营性用房，未按照物权法第七十七条的规定经有利害关系的业主同意，有利害关系的业主请求排除妨害、消除危险、恢复原状或者赔偿损失的，人民法院应予支持。

将住宅改变为经营性用房的业主以多数有利害关系的业主同意其行为进行抗辩的，人民法院不予支持。

《最高人民法院关于审理建筑物区分所有权纠纷案件具体应用法律若干问题的解释》第十一条　业主将住宅改变为经营性用房，本栋建筑物内的其他业主，应当认定为物权法第七十七条所称“有利害关系的业主”。建筑区划内，本栋建筑物之外的业主，主张与自己有利害关系的，应证明其房屋价值、生活质量受到或者可能受到不利影响。

147. 小区专项维修资金归谁所有？

【解答】

专项维修基金根据来源不同分为两种情况：业主交存的住宅

专项维修资金属于业主所有；从共有住房售房款中提取的住宅专项维修资金属于共有住房售房单位所有。

【法律依据】

《物业管理条例》第五十四条　住宅物业、住宅小区内的非住宅物业或者与单幢住宅楼结构相连的非住宅物业的业主，应当按照国家有关规定交纳专项维修资金。

专项维修资金属于业主所有，专项用于物业保修期满后物业共用部位、共用设施设备的维修和更新、改造，不得挪作他用。

专项维修资金收取、使用、管理的办法由国务院建设行政主管部门会同国务院财政部门制定。

《住宅专项维修资金管理办法》第九条　业主交存的住宅专项维修资金属于业主所有。

从公有住房售房款中提取的住宅专项维修资金属于公有住房售房单位所有。

148. 业主委员会可以用小区的维修资金购买银行委托理财产品吗？

【解答】

专项维修资金属于业主共有，专款专用，非经法定程序任何人不能随意支配使用。在保证住宅专项维修资金正常使用的前提下，可以按照国家有关规定将住宅专项维修资金用于购买国债。利用住宅专项维修资金购买国债，应当在银行间债券市场或者商业银行柜台市场购买一级市场新发行的国债，并持有到期。利用业主交存的住宅专项维修资金购买国债的，应当经业主大会同意；未成立业主大会的，应当经专有部分占建筑物总面积2/3以上的业主且占总太数2/3以上业主同意。利用从公有住房售房款中提取的住宅专项维修资金购买国债的，应当根据售房单位的财政隶属关系，报经同级财政部门同意。

业主委员会只是业主大会的执行机构，负责执行业主大会决定的具体事项，其权利的行使必须是有业主大会的授权，业主委员会无权决定用小区业主共有的维修资金购买银行委托理财产品。业主委员会擅自动用维修资金购买银行委托理财产品属于违法，业主可以通过法律途径撤销业主委员会关于使用维修资金购买理财产品的决定，并依法追究责任人法律责任。

【法律依据】

《住宅专项维修资金管理办法》第二十六条　在保证住宅专项维修资金正常使用的前提下，可以按照国家有关规定将住宅专项维修资金用于购买国债。

利用住宅专项维修资金购买国债，应当在银行间债券市场或者商业银行柜台市场购买一级市场新发行的国债，并持有到期。

利用业主交存的住宅专项维修资金购买国债的，应当经业主大会同意；未成立业主大会的，应当经专有部分占建筑物总面积三分之二以上的业主且占总人数三分之二以上业主同意。

利用从公有住房售房款中提取的住宅专项维修资金购买国债的，应当根据售房单位的财政隶属关系，报经同级财政部门同意。

禁止利用住宅专项维修资金从事国债回购、委托理财业务或者将购买的国债用于质押、抵押等担保行为。

《物业管理条例》第十二条　业主大会会议可以采用集体讨

论的形式，也可以采用书面征求意见的形式；但是，应当有物业管理区域内专有部分占建筑物总面积过半数的业主且占总人数过半数的业主参加。

业主可以委托代理人参加业主大会会议。

业主大会决定本条例第十一条第(五)项和第(六)项规定的事项，应当经专有部分占建筑物总面积2/3以上的业主且占总人数2/3以上的业主同意；决定本条例第十一条规定的其他事项，应当经专有部分占建筑物总面积过半数的业主且占总人数过半数的业主同意。

业主大会或者业主委员会的决定，对业主具有约束力。

业主大会或者业主委员会作出的决定侵害业主合法权益的，受侵害的业主可以请求人民法院予以撤销。

第十九条　业主大会、业主委员会应当依法履行职责，不得作出与物业管理无关的决定，不得从事与物业管理无关的活动。

业主大会、业主委员会作出的决定违反法律、法规的，物业所在地的区、县人民政府房地产行政主管部门或者街道办事处、乡镇人民政府，应当责令限期改正或者撤销其决定，并通告全体业主。

149. 房屋出售后，可以取回自己交纳的专项维修资金吗？

【解答】

维修资金属于业主的合法财产，业主在对房屋处分时，可以一并考虑房屋中包含的维修资金的价值，或另行结算。业主出售房屋后，不能将自己账户中的维修资金取回，房屋分户账中结余的住宅专项维修资金随房屋所有权同时过户。

【法律依据】

《住宅专项维修资金管理办法》第二十八条 房屋所有权转让时，业主应当向受让人说明住宅专项维修资金交存和结余情况并出具有效证明，该房屋分户账中结余的住宅专项维修资金随房屋所有权同时过户。

受让人应当持住宅专项维修资金过户的协议、房屋权属证书、身份证等到专户管理银行办理分户账更名手续。

后 记

《公共法律服务体系建设实践丛书》由武汉市江汉区司法局与湖北诺亚律师事务所联合编写。本丛书由武汉市江汉区司法局党组书记、局长谢定彪同志统一协调并组织编写，由中南财经政法大学知识产权研究中心研究员、武汉市江汉区司法局副局长(挂职)、国浩律师(深圳)事务所合伙人王博同志为丛书搭建篇章结构、提供编写思路，由江汉区政协委员、湖北诺亚律师事务所主任律师熊学武同志组织该所优秀律师认真编写。

本丛书的付梓出版，要特别感谢武汉市司法局党组书记、局长关太兵同志在繁重的工作之余为丛书撰写序言，感谢湖北诺亚律师事务所各位律师付出的智慧和辛劳。除此之外，还要感谢武汉大学出版社张欣编辑，为该套丛书的具体编排、组织出版等诸多具体事务所做的工作。

本丛书立足于百姓生活中常见的法律问题，用通俗易懂的语言和专业精炼的法律依据，力求为群众提供贴身、贴心的法律全书。本丛书现有四辑八篇，分婚姻家庭、民间借贷、人身损害赔偿、交通事故、物业服务、房地产纠纷、劳动合同、消费者权益等八个类别，每类有百余法律问答，涵盖最热、最新、最贴近群众需求的法律问题，力求成为提供精准法律知识、深受群众普遍欢迎的通俗读物。

千里之行，始于足下。江汉区司法局将以此为开端，逐步推出更多辑《公共法律服务体系建设实践丛书》，加强法治文化建设，不断提升公共法律服务软实力，切实增强人民群众的法治获得感幸福感。